一軍監督の仕事

育った彼らを勝たせたい

高津臣吾

光文社新書

目次

第3章　運命の第6戦、涙の日本一へ

第4章　２０２１年を戦い終えて

2021シーズン　セ・リーグ順位表

順位	チーム	試合数	勝数	負数	引分	勝率	ゲーム差	得点	失点	本塁打	打率	出塁率	防御率
1	スワローズ	143	73	52	18	.584	―	625	531	142	.254	.333	3.48
2	タイガース	143	77	56	10	.579	0.0	541	508	121	.247	.311	3.30
3	ジャイアンツ	143	61	62	20	.496	11.0	552	541	169	.242	.310	3.63
4	カープ	143	63	68	12	.481	2.0	557	589	123	.264	.324	3.81
5	ドラゴンズ	143	55	71	17	.437	5.5	405	478	69	.237	.291	3.22
6	ベイスターズ	143	54	73	16	.425	1.5	559	624	136	.258	.320	4.15

2021シーズン　タイトル獲得選手

最優秀選手	村上宗隆
ベストナイン	中村悠平
ベストナイン	山田哲人
ベストナイン	村上宗隆
ベストナイン	塩見泰隆
最多本塁打	村上宗隆（39本）
最優秀中継ぎ	清水 昇（53HP）
新人特別賞	奥川恭伸（9勝）
リーグ特別賞	清水 昇
ゴールデングラブ賞	中村悠平

勝利数

1	小川泰弘	9勝
1	奥川恭伸	9勝
3	今野龍太	7勝
4	サイスニード	6勝
5	田口麗斗	5勝
5	スアレス	5勝

投球回数

1	小川泰弘	128 1/3回
2	奥川恭伸	105回
3	田口麗斗	100 2/3回
4	石川雅規	82回
5	高橋奎二	78 1/3回

奪三振数

1	小川泰弘	97
2	奥川恭伸	91
3	田口麗斗	81
4	高橋奎二	80
5	マクガフ	76

セーブ数

1	マクガフ	31
2	石山泰稚	10

※他に1の投手が複数名

ホールド数

1	清水 昇	50
2	今野龍太	28
3	マクガフ	14
4	近藤弘樹	11
5	石山泰稚	9

打率

1	中村悠平	.279
2	塩見泰隆	.2784
3	村上宗隆	.2780
4	山田哲人	.272
5	オスナ	.258

本塁打数

1	村上宗隆	39
2	山田哲人	34
3	サンタナ	19
4	塩見泰隆	14
5	オスナ	13

打点

1	村上宗隆	112
2	山田哲人	101
3	サンタナ	62
4	オスナ	60
5	塩見泰隆	59

出塁率

1	村上宗隆	.408
2	山田哲人	.370
3	中村悠平	.360
4	塩見泰隆	.357
5	青木宣親	.335

長打率

1	村上宗隆	.566
2	山田哲人	.515
3	塩見泰隆	.441
4	オスナ	.401
5	青木宣親	.383

OPS

1	村上宗隆	.974
2	山田哲人	.885
3	塩見泰隆	.798
4	青木宣親	.719
5	中村悠平	.718

盗塁数

1	塩見泰隆	21
2	村上宗隆	12
3	山崎晃大朗	8
4	渡邉大樹	5
5	山田哲人	4
5	並木秀尊	4

犠打数と成功率(野手)

1	中村悠平	14	.933
2	山崎晃大朗	10	1.000
3	宮本 丈	6	1.000
3	荒木貴裕	6	.857
5	渡邉大樹	5	1.000
5	元山飛優	5	.556

得点圏打率

1	塩見泰隆	.325
2	村上宗隆	.310
3	山田哲人	.289
4	青木宣親	.284
5	中村悠平	.239

代打安打数と代打率

1	川端慎吾	30	.366
2	宮本 丈	10	.313
3	中村悠平	6	.545
3	内川聖一	6	.207
5	松本 友	4	.333

※打率、出塁率、長打率、得点圏打率は規定打席到達者のみ

プロローグ

すべてを変える

疲れたけれど、楽しかった。

それが監督として初めての日本シリーズを戦ってみての実感だった。

１点差が５試合。２点差が１試合。日本シリーズを６試合戦い、スワローズがあげた得点は19、バファローズは16。本当にわずかな差が勝敗を分けたと思っている。

２０２０年のセ・リーグ最下位から、どうやって日本一のチームを作ったんですか？　とよく質問を受けたが、当然のことながら、ひと言で言い表すことは出来ない。

「魔法」のようなものはないし、どれかひとつの要素が飛びぬけて成長したから優勝出来たわけでもない。すべてのエリアで数パーセント、ほんのわずかな向上、改善が有機的に結びついて勝ちにつながった。

たしかに、２０２０年に監督を拝命したときは、スワローズはどん底だった。その前年、２０１９年のシーズンは、まだ二軍監督の職にあったが、一軍は16連敗を喫するなど、59勝82敗２分けの成績で、首位のジャイアンツには18ゲーム差をつけられ、クライマックスシリーズ（ＣＳ）進出ラインの３位争いにもまったく絡めず、変な言い方をすれば、ぶっちぎりで最下位になってしまった。

僕は日本、アメリカ、韓国、台湾と世界各国でプレーしてきたが、16連敗というのは、なかなか聞いたことがない。プロだから、どこかのタイミングで「勝ってしまえる」のだ。若手の育成を担当するスワローズの一員として、忸怩《じくじ》たる思いを抱えていた。

そんなタイミングで一軍監督の話をいただいたわけだが、最下位となったチームを預かるにあたっては、まずは「何かを変えなければいけない」と考える。ところが、優勝するために何が必要なのかを考えていくと、それはそれは膨大な数に上った。

特に先発、ブルペンの構築については一軍投手コーチ、二軍監督を務めていただけに、具体的なプランをもっていた。だが、チームを根本から作り直すためには細かいところ、ディテールにこだわっていてはダメだと気づいた。全体的な質の向上が必要なのだ。だから、手始めにここから変えていこうとか、そうした小手先のことではなくて、すべてを変えていくと決めた。

技術、メンタル、環境、もう本当にすべてを変える。

「これは時間がかかるな……」とは思った。技術を向上させるのにはそれなりの時間を必要とするし（たとえば投手でいえば、新しい変化球を実用化するのは一朝一夕に出来るわけではない）、最下位に終わったチームの選手のメンタルは、勝つことで変化させていくしかない。

ただし、すぐに出来ることがあるとも思っていた。雰囲気はキャンプ初日からでも変えられる。僕としては、みんなで楽しく野球をやりたいと思っていた。「プロが何を甘いこと言ってるんだ」と先輩方からはお叱りを受けそうだったが、選手たちがプレーしやすく、球場に行くのが楽しみになるような雰囲気は、監督、コーチの言葉やふるまいで作っていくことが出来るのだ。しょんぼりしているダグアウトよりも、活気のある方がいい。ポジティブなムードを作っていけば事態も好転するし、ファンのみなさんも喜んでくれると思っていた。

２０２０年シーズン

そして迎えた２０２０年のシーズンは、コロナ禍のなかで開幕が６月にずれ込んだ。シーズンが始まってもスタンドにファンの姿、声援がないのはなんともさびしかったが、それでも少しずつチームが変わっている手ごたえを感じていた。

６月、４勝５敗。

７月、13勝９敗４分け。７月12日にはジャイアンツに勝って一分けを挟んで４連勝とし、スワローズは４４９日ぶりに首位に立った。正直、「これは行けるかもしれない」と思ったほどで、８月上旬の段階でもなんとか勝率５割のラインで踏ん張り、２位をキープしていた。

ところが、それほど甘いものではなかった。

８月　７勝17敗１分け
９月　９勝16敗１分け
10月　５勝17敗４分け
11月　３勝５敗

８月から、驚くほど勝てなくなっていった。

終わってみれば41勝69敗10分けで、優勝したジャイアンツからは前年度以上の25ゲーム差、ＣＳ進出ラインである３位のドラゴンズにも16・５ゲーム差をつけられていた。

それこそ、ぶっちぎりの最下位になってしまった。本当に１勝をあげるのが難しかった。

そのなかでも明るい材料がなかったわけではない。エースの小川泰弘は８月にはノーヒットノーランを達成し、苦しいチーム状況のなかで10勝をあげた。打者ではシーズンを通して４番に定着した村上宗隆が打率・３０７、本塁打28、打点86と、シーズンが１２０試合に短縮されたなかで見事な数字を残し、セ・リーグを代表する打者へと成長した。

では、何が問題だったのか？

「分厚さ」だった。選手層の薄さは否めなかった。投手陣で小川に次ぐ勝ち星をあげたのは、リリーバーの梅野雄吾の５勝。先発陣ではスアレスが４勝、高梨裕稔《ひろとし》が３勝。打者ではベテランの青木宣親《のりちか》が打率・３１７、本塁打18本と気を吐いたが、主砲の山田哲人は94試合の出場にとどまった。

想像はしていたが、二軍と一軍ではまったく野球の質が違い、シーズンを通して戦うことの難しさを思い知らされた。

開幕前に考えていた「すべてを変える」ことは簡単なことではなく、自分として変化を起こせたのは、ひとつかふたつだけだった。振り返ってみると、ジャイアンツをはじめとする上位の球団に対しては、すべての面においてまったく歯が立たなかった——というのが正直な感想だった。

育てながら勝つ

2018年に上梓した『二軍監督の仕事』(光文社新書)では、「育てるためには負けてもいい」と明確に書いた。本気でそう思っていたからだ。たとえば、若手投手がファームで先発するときには、立ち上がりで打たれたとしても5回までは続投させる。目の前の勝ち負けではなく、5回を投げてゲームを作ることを覚えさせるのが目的だからだ。

しかし、一軍の監督というのは目の前の勝利にすべてを集中しなければならない。一軍は勝たなければならない。それがプロの世界だ。

2020年のシーズン、上位球団と差をつけられていくなかで、自分は二軍監督を経験したせいもあるのか、負けが込んできた状況であっても「育てながら勝ちたい」という思いが消せなかった。それは必要のないことだったかもしれないが、どこかで二軍監督のマインドをもったまま、一軍監督の指揮を執っていた（それは２０２２年を迎えたいまも同じ思いだ）。メディアのみなさんには消化試合と映っていたかもしれないが、僕にとっては未来のスワローズにつなげるため、喉から手が出るほど勝利が欲しかった。

２０２０年11月10日、神宮球場での最後のホームゲームとなったカープ戦では、ルーキーの奥川恭伸《やすのぶ》を先発させた。それこそ、来季へのメッセージを込めた先発登板である。結果は３回もたずに９安打５失点を喫し、敗戦投手になった。２０２０年のスワローズにまたひとつ、黒星がついた。

それでも振り返ってみれば、この敗戦には大きな意味があった。１試合だけだったが、奥川は公式戦の神宮のマウンドに上がることで、一軍で投げることのプレッシャーや、相手打者の力量など、二軍では学べないことを肌で感じたはずだ。

忘れられないのは、試合終了後の出来事だ。

その試合はホームゲーム最終戦ということもあり、ファンの方々への感謝のセレモニーが開かれた。僕は「ひとつでも多くの勝ちをみなさんにお届けしたかったんですけれども、なかなかそれが出来ず、監督として責任を感じております」と挨拶した後に、いきなりこう言った。

「ただ、来年に向かってひじょうに若手で有望な選手が今日先発しました。奥川！」

奥川との打ち合わせも何もなく、まったくの即興で奥川にスピーチをするように促したのだった。結構な「無茶ぶり」だったかもしれない。

奥川はたしかに驚いたようだったが、僕に質問してきた。

「何を話せばいいですか？」

本人も驚いたかもしれないが、戸惑ってはいなかった。

「自分が思っていることを素直に話せばいいよ」

すると、奥川はマイクの前で堂々と話し始めた。

「1年目の奥川です。今日の試合の反省をしっかりと生かして、来年以降は、しっかり活躍出来るように頑張りたいと思います。応援よろしくお願いします」

無茶ぶりをしておきながら、僕は驚いていた。ついこの間まで高校生だった選手が、神宮に残ってくれているファンの前で、しかもスワローズの先輩が居並ぶなかでさらっとスピーチをしたのだ。

これは並大抵の選手ではないと感じた。そして奥川は２０２１年、開幕からローテーションに入り、スワローズの主軸となった。手前味噌かもしれないが、２０２０年の神宮での一戦が、奥川になんらかの成長のきっかけを与えたと思っている。

そして１年後の２０２１年11月20日、奥川は日本シリーズのマウンドに立っていた。

この１年間にスワローズに何があったのか、僕が見てきたこと、感じたことを書いていきたいと思う。

第1章　2021年かく戦えり

３人の残留が最大の補強

２０２０年のシーズンは、とにかく自分の見通しが甘かった。開幕してまもなく、一瞬ではあったが首位に立ち「これは戦えるかもしれない」と思った自分が情けなかった。シーズンを通して指揮を執ってみて、改めて、すべてのことを改革するのは難しいものだと実感した。それでも、苦しいシーズンのなかで、わずかながら変化が起きた部分もあった。その手ごたえから導いた答えは、大きく集団を変えるというよりも、すべてのエリアで数パーセントの改善が出来れば、チームの総合力は大きくアップするのではないかということだった。

ちょっとずつでいいから、向上する。そのためにも戦力の流出といったマイナスになることは避けなければならない。２０２０年のシーズンが終わり、エースの小川泰弘、クローザーの石山泰《たい》稚《ち》（このふたりはドラフトでも同期）、主砲の山田哲人がフリーエージェントの権利を獲得していた。チーム編成の観点からは、チームの屋台骨である３人の流出はどうしても避けなければならない。幸いなことに、３人ともスワローズへの愛着が強く、複数年契約でチームに残ってくれることになった。

「バッテリー力の強化」が急務——古田臨時コーチ

２月１日からの浦添《うらそえ》キャンプに向けて、１月はコーチ陣とミーティングを繰り返し、練習メニューをチェックした。僕は投手出身ということもあり、２０２１年の課題として「バッテリー力の強化」を挙げていた。

２０２０年のチーム防御率はセ・リーグ・ワーストの４・61。もっとも良かったジャイアンツの数字は３・34だったから、かなりの差がついていた。だから、ファンのみなさんには成績不振は投手力が原因と見えていただろうが、僕としては捕手を含めたバッテリーの問題と捉えていた。もちろん、弱点ではあるのだが、裏を返せば、改善に乗り出せばのびしろが大きい。そこでキャンプでは、臨時コーチとして古田敦也さんに来てもらった。

現役時代、僕は古田さん相手にいったい何球投げたのだろう？　本当に数知れない球を古田さんのミット目がけて投げていた。

古田さんは知性派のイメージが強いと思うが、試合中は本当に熱い男だった。競《せ》った試合の終盤、内野手がミスをしようものなら、「何してんねん！」と言葉を荒らげることを厭《いと》わないリーダーだった。それに捕手としてはなんといっても我慢強い。相手打者の嫌なことを、繰り返し、繰り返し、徹底的にやる。とにかく捕手としてしつこく、投手にとってこれほどありがたい「女房役」はいなかった。

古田さんは持ち前の知性と、負けず嫌いをかなり高いレベルで融合させた捕手であり、僕としてはそのエッセンス、相手打者をどうやって倒しにいくかという姿勢をスワローズの現役の捕手陣、特に中村悠平、古賀優大《ゆうだい》に教え込んで欲しかった。

そして「古田臨時コーチ」からもたらされた成果は大きかった。特に、中村は古田さんの指導でずいぶんと変わった。捕手としての技術はもちろんだが、「発想」そのものから変化した。

キャンプを終えた中村には、なんらかの意識革命が起きた気がする。しつこくなったのだ。詳しくは書けないが、それまでの中村は、リード面に自分の打撃が影響するところがあった。単純な例でいえば、自分が打ち取られたコースにボールを要求するといったことだ。それが変わった。配球面では自分がもっていたバイアスを消し去り、投手のその日の調子に相手打者の傾向を組み合わせた効果的な配球が出来るようになった。しかも、その能力はシーズンが深まるにつれ進化していった。

捕手と同様に先発投手陣の整備も進めた。

小川、石川雅規《まさのり》のベテランに加え、スアレス、高梨裕稔、それに加えてキャンプ中には左の先発補強として、ジャイアンツから田口麗斗《かずと》を廣岡大志とのトレードで獲得した。こうした経験のある選手に加え、20代の投手では原樹理、高橋奎二《けいじ》、金久保優斗の成長が待ち遠しかったし、奥川恭伸もローテーションの一角を担えるところまで成長していた。

ただし、奥川を先発起用するにも、中10日を基本とする方針が決まっていて、ローテーションをどう作っていくかは大きな課題となっていた。6人で回すわけではなく、先発の駒数がもっと必要だったのだ。

また、ブルペンでは9回を石山、8回は清水昇、そして7回をマクガフと後ろから布陣を固め、そこに近藤弘樹や今野龍太、梅野雄吾らが加わり、年齢構成的にバランスのいいブルペン陣が作れそうだった（欲を言えば、経験豊かなサウスポーが欲しかったのは事実だが）。

開幕前の時点で、僕は「バッテリー力」がかなり向上したことを実感していた。

オープン戦最下位

秋季キャンプから春まで様々な準備をし、2020年よりは確実に戦力がアップしている手ごたえがあった。ただ、ファンのみなさんにご心配をおかけしたのは、オープン戦で3勝9敗1分けと12球団最下位に甘んじてしまったことだ。

ただ、監督としてはオープン戦の成績はさほど気にしていなかった。それは他球団の監督も一緒だろう。なぜなら、主力選手が試合の最後まで出るわけではないし、控え選手のプレー機会を作り、ときには二軍の選手の状態を確かめる意味で出場させることもあるからだ。

ただし認めなければならないのは、「一・五軍」というか、他球団の控え選手との力量差を感じたことだ。試合終盤で、先発メンバーをダグアウトに下げると、途端に戦力差が浮き彫りになる。

「ああ、これはシーズンに入ってからもフルメンバーで戦わないと、一気に離されてしまうな……」という危機感が芽生えたこともあり、選手のコンディションにはより気をつけなければいけないとコーチたちと話し合った。

レギュラー陣は十分に戦えるだろう。しかし、複数の選手が長期離脱した場合、スワローズの弱点があぶり出されてしまう。ケガばかりではなく、新型コロナウイルスの陽性者が出れば、濃厚接触者に特定された選手は長期離脱を覚悟しなければならず、マネージメントは容易ではなくなる。

緊張しつつも、僕は「絶対にスワローズは強くなっている」と信じて、3月26日、神宮球場でタイガースとの開幕戦を迎えた。

その日から、スワローズは3連敗を喫した。

開幕3連敗の衝撃

オープン戦で白星はついてこなかったものの、2020年と比べればセ・リーグの5球団とはある程度は戦えると踏んでいた。

開幕カードの先発の並びは小川、田口、そして3戦目はスワローズ、タイガース両軍の指揮を執った野村克也監督の追悼試合で、この日は奥川を先発させるプランを組んでいた。

開幕戦の流れは良かった。先行されては追いつくという粘りの展開。接戦をモノにするためにはダグアウトの腕の見せどころだったが、8回表に清水がサンズ選手に勝ち越し本塁打を許した。サンズ選手はこの日2本目のアーチで、バッテリーとしても警戒はしていたはずだったのだが……。最終スコアは3対4。打線の方であと一押しがあれば、という展開だった。

しかし、ムードは悪くなかった。

ところが翌日は田口が乱れ、初回にルーキーの佐藤輝明選手にプロ入り初ホーマーを許し、3回が終わって0対6となり、序盤で勝敗が決した。スコアは5対9での連敗。

こうなると、第3戦は野村監督の追悼試合でもあり、何がなんでも勝たなければならない。先発の奥川については自信をもって送り出した。キャンプ、オープン戦の状態を見る限り、しっかりとゲームを作る技術を身につけつつあったからだ。実際、6回を投げて3失点と試合は作ったが、打線がなかなか点を奪えず、終盤にはブルペンが乱れて2対8と敗れてしまった。

3連敗。これには愕然としてしまった。

秋季キャンプから、バッテリー力の整備、打撃、守備とあらゆるエリアを数パーセントずつではあるが向上させたはずだった。ところがタイガースと戦ってみて、差は縮まるどころか、むしろ開いているのではないか——。それが本音だった。現実の厳しさを開幕早々に突きつけられた。

振り返ってみると、この時期のタイガースはひじょうにバランスが良かった。打つ、投げる、走る、すべてにわたって上昇気流に乗っていて、それを演出しているのは新戦力だった。

佐藤輝選手は新人らしからぬ存在感を発揮していたし、控えから登場してきた中野拓夢選手もいい働きをしていた。それに、マルテ、サンズの両外国人選手の状態が良く、タイガース打線を抑えるためには、綿密な準備が必要なことが分かった。

２０２１年のシーズンを振り返ったとき、最初に重要な意味をもったカードは、このタイガース戦だった。「今年は戦えるんじゃないか」という淡い期待は甘い考えでしかなく、よりチーム力を高め、最善の準備をしなければ勝負出来ないと思い知らされたからだ。

打線のつながり。９回へとつないでいくブルペンの流れ。何が最善策なのか、模索しながら戦わなければならないと身にしみて感じた。

初勝利、しかし……

大きかったのはここで崩れず、４戦目のベイスターズ戦で逆転勝ちしたことだった。この日も先発のスアレスが３回までに３点を奪われ、７回表にようやく１点を返したが、その裏に１対４とつき放された。展開としては負けパターンだ。ところが８回表二死、ホークスから移籍してきた内川聖一のヒット、塩見泰隆のタイムリー二塁打で同点に追いつくと、ここで代打・川端慎吾が勝ち越しのタイムリーを打ってくれた。そして８回を清水、９回には石山がしっかりと抑えてシーズン初勝利。連敗を止めることができた。

しかし翌日、「えっ?!」というニュースが飛び込んでくる。

捕手の西田明央《あきひさ》と、球団スタッフが新型コロナウイルスに感染したことが判明したのである。さらには、西田と濃厚接触の疑いがある山田、青木、内川、西浦直亨《なおみち》らの一軍登録を抹消せざるを得なくなった。

開幕を迎えた時点から、「長いシーズンだから、こういうことも起こり得るだろう」という心の準備はしていたが、シーズン5戦目を前にこうした事態になるとはさすがに予想できなかった。それでも、目の前の試合を戦うしかない。山田の代わりには奥村展征《のぶゆき》、西浦に代わってルーキーの元山飛優、レフトの青木のところには中山翔太を入れた。

2番中村

困ったのは打順である。試合前のコーチ会議で、「ノリ（青木）の代わりの2番、どうする?!」という話になった。2番は何かと細かい仕事が多いので、スキルが必要だ。いろいろ候補は挙がったのだが、打撃でも手堅い中村悠平が安心して任せられるということで、

（右）山崎、（捕）中村、（中）塩見、（三）村上、（一）太田、（左）中山、（二）奥村、（遊）元山、（投）高梨

　というオーダーを組んだ。

「どれだけ得点機を作れるか……」と不安いっぱいだったのだが、3回に9番の高梨、先頭に戻って山崎の連続安打を、中村がきっちり犠牲バントで進塁させ、塩見の2点タイムリーを呼び込んだのは大きかった。5回には村上のホームランも出て、5対3で勝利。チームの緊急事態に、選手たちは落ち込むのではなく、「なんとかする」という必死の気持ちがダグアウトに満ちていた。明るく、前向きに戦う姿勢はこの時点から出来ていたように思う。

　幸いなことに、山田、西浦、スアレスについては感染のおそれなしということで、翌4月1日の試合からは出場出来ることになった。ただし、青木、内川、川端については2週間の自主隔離が始まり、ベテランの彼らにとってはつらい日々が続いたと思う。

　そんな状況でのベイスターズとの第3戦は、新人の山野太一が先発、2回終了時点で5対9と荒れた試合になってしまった。7回表の攻撃を迎える時点では7対11。敗色濃厚だった

が、二死から打線がつながり、最後は2番中村のタイムリーで同点に追いつき、引き分けにもち込んだ。

タイガースに3連敗し、先行きが不安になる開幕だったが、このベイスターズとの3連戦を2勝1分で乗り切ったことで、「2021年は戦える」という手ごたえを感じていた。

オスナ、サンタナの合流

開幕ではつまずいてしまったものの、4月終了時点では14勝10敗4分と五分以上に戦えていたのは、それなりにチーム力が高まっていたからだろう。ただ、10敗のうち、タイガースに5敗、ジャイアンツに3敗を喫しており、上位2球団との力の差はあるなと感じていた。

この時期に盛り返せたのは、4月23日にオスナとサンタナが一軍に合流できたことも大きかった。実は、外国人選手の獲得にあたっては、編成に対して「ウチの打線は右打者が多いので、左打者が欲しいことは欲しい。本音としては、左投手を苦にしない左打者がいいけれど、3番に山田、4番に村上と右左が並んでいるから、そこまで左打者にはこだわりません」といったことを伝えてあった。

オスナとサンタナのふたりには、4月18日に入国に伴う隔離期間を終えると、20日のイースタン・リーグで1試合に出場しただけで、すぐに一軍に合流してもらった。一刻も早く、打線にインパクトが欲しかったのだ。

そして彼らはすぐさま活躍してくれた。24日のドラゴンズ戦ではオスナのサヨナラヒット、25日はサンタナ、オスナの連続アーチ。一気に得点力が上がってきた。ダグアウトのムードが好転する要素がまたひとつ増えた。

前年の課題は、2番青木、3番山田、4番村上で点を取らないと、5番以降では仕掛けが出来ないところにあった。村上が打ち取られたところで、相手投手陣はホッと安心していたかもしれない。正直なところ、２０２１年のシーズンが始まってからもその課題は解決出来ていなかった。

だが、ふたりが一軍に合流してからバリエーションをもてるようになり、最終的には5番にオスナとサンタナの調子の良い方を置き、6番中村を挟んで7番にもうひとりを置くというパターンが定まっていった。

本当は足の速い方を5番に置きたいところだが、走力や守備に関してふたりにはあまり差がなかった（一塁村上、三塁オスナで臨んだ試合もあったのだが……これ以上は書かないことにする）。

クローザー交代、苦渋の決断

5月に入ると、別の課題が浮き彫りになった。クローザーをどうするかという問題に直面せざるを得なくなったのである。

スワローズのクローザーといえば、石山泰稚だ。２０１３年に小川と同期入団した石山は、入団当初は先発に取り組んでいたが、２０１８年のシーズンからクローザーの地位を勝ち取った。そして２０１８年は35セーブ、翌年は10セーブ、シーズンが短縮となった２０２０年には20セーブをあげていた。ベンチも、ファンも石山には絶対的な信頼を寄せていたと思う。

２０２１年も、出だしは順調だった。ところが5月に入り、5月9日のジャイアンツ戦では1点リードを岡本和真選手の逆転3ランでひっくり返され、翌週16日のドラゴンズ戦でも1点差を守り切れなかった。21日の神宮でのベイスターズ戦では、同点の場面で9回表に登板、2点を奪われて試合を落としてしまった。

2週間のうちに3回、クローザーがもちこたえられないとなると、監督としては「決断」を迫られることになる。

後ろから逆算してのブルペン構築

エースと4番、そしてクローザーは、チームの根幹を成し、本当の実力と本物の信頼がなければ務まらない。石山も実績を積み重ねてこのポジションを勝ち取ったわけだから、簡単に外していいものではない。しかし、Aクラス入りを見据えたときに、クローザーが不安定な状態で最終回を迎えるわけにはいかなかった。

２０１５年のセ・リーグ優勝時、僕は一軍投手コーチを務めており、真中満監督からは投手交代のタイミングを任されていた。このときは、7回をロマン、8回をオンドルセク、最後はバーネットで締めるという、後ろから逆算してブルペンを固められたのが勝因のひとつだった。

なぜ、そうした発想になるのか？

僕としては競ったゲームを勝ち切りたいという思いが強い。たとえば、試合中盤の4回、5回、6回で同点だったならば、そのゲームは絶対に勝たなければならない。競り合いの展開のなかで勝ち切るために必要なのは安定したブルペンである。次の1点はやりませんよ、というリリーフ陣を作りたいし、それを確立出来たときには相手チームの戦意を奪える。

だからこそ、7回、8回、9回を任せる投手は簡単には代えられない。しかし、ベイスターズ戦で負けた夜、僕はクローザーを石山からマクガフに代えることを決断した。

後から振り返ったときに、この夜に考えたことは2021年シーズンのなかでも大きな決断のひとつだった。僕自身もクローザーを経験し、この仕事のことを知りすぎているため、判断に迷いがあったのだ。しかし、プロ野球は勝負の世界だ。個人競技ではないし、チームが勝つために最良の判断を下さなければならない。

ただし、石山を二軍に落とすことは考えなかった。クローザーがファームに行って調整するとなると、石山個人にも、そしてチームにもダメージを与えると思ったし、何より僕自身に石山を再生させられる自信があった。石山の技術、メンタルの修正点を考えたときに、試合展開を見ながら一軍のマウンドで起用していけば、彼ならではの投球の感覚を取り戻してくれると信じていた。

この決断を下し、7回にはそれまで好調だった今野を昇進させ、8回を清水、9回をマクガフという並びで質の高いブルペンを構築することが出来た。石山に関しては負担の少ない場面で起用し、シーズン終盤に向けて調子を上げていって欲しかった。本人も苦しかったとは思うが、自分としっかり向き合い、9月、10月と登板機会も増え、それが日本シリーズでの好投につながっていった。石山自身が解答を見つけたのである。

ホークスに敵地で３連勝

５月下旬からの交流戦、「今年のスワローズは戦える」と確信したのは、６月11日からのホークスとの３連戦で、敵地にもかかわらず全勝出来たことだ。

２０１１年から２０２０年までの10年間は、極論すれば「ソフトバンク・ホークスの時代」だった。この間、ホークスは実に７度の日本一に輝いている。日本シリーズでセ・リーグの球団が勝ったのは２０１２年のジャイアンツ（対ファイターズ）だけで、パ・リーグの圧倒的優位が報道されてきたのは紛れもない事実だった。

２０１５年、僕は投手コーチとしてホークスとの日本シリーズに挑んだが、当時のホークスは本当にもう、手がつけられない強さを誇っていた。投げては抑えられず、打者も打てない。ヤクルトは山田が第３戦で本塁打３本を打ってようやく１勝をあげるのが精いっぱいで、まったく歯が立たなかった。

シリーズ５試合の総得点を比較すると、ホークスの23点に対して、スワローズは14点。ただし、第３戦で８得点しているので、他の４試合では６点しか取れていない。作戦面は別として、完全な力負けだったのは明々白々だった。

　スワローズが敗れた後も、リーグ３連覇を達成し、戦力が充実していたカープが２０１６年にファイターズ、２０１８年にはホークスに敗れた（２０１７年はベイスターズがＣＳで勝って日本シリーズに進出）。

　さらに衝撃的だったのは、２０１９年、２０２０年とジャイアンツがホークス相手に１勝もあげられなかったことだ。ホークスとセ・リーグの球団との間に、簡単には埋められない戦力差があることをまざまざと見せつけられる結果となってしまった。

　ホークスに勝つためには、どうしたらいいんだ？　パ・リーグ球団の監督をはじめ、ジャイアンツの原辰徳監督だって、そのことを念頭に置いてチーム強化を進めてきたはずだ。それでもホークスの天下を止められなかった。

選手のマインドセットに変化をもたらす

　ただし、僕個人としては、パ・リーグ全体が強いというより、ホークスが頭ひとつ抜けているように感じていた。他の球団にはそれほどやりにくさをおぼえたことはない。実際、２

０２１年の交流戦でも、圧倒は出来なかったものの、どの球団とも対等に戦えていた。

対ファイターズ　２勝１敗
対バファローズ　１勝２敗
対イーグルス　１勝２敗
対ライオンズ　２勝１敗
対マリーンズ　１勝２敗

７勝８敗で５カードを終え、交流戦をなんとか最低限５割で締めくくりたいという気持ちで、福岡での３連戦に向かった。このカードは大いなる力試しだった。

そして、３連勝したのだ。

勝ち方も良かった。初戦は村上の一発が出て１対０での勝利。先発の石川が６回を投げ、その後は継投で逃げ切った。翌日は先行を許したものの、中村のタイムリーに、山田の２打席連続本塁打が出て４対２の逆転勝ち。そして最終戦は、山田・村上のアベックホーマーが出て６点をリードし、かつてのチームメイトであるバレンティン選手に２発を食らったものの、６対４で逃げ切った。

つまり、３戦とも違うパターンで勝つことが出来たわけで、この時期にはどんな試合展開になっても、勝利をたぐり寄せる道筋が見えるようになっていた。

中盤まで競りさえすれば、ブルペンがもちこたえてくれるし、その間に打線が点を取ってくれる。投打の歯車が噛み合い始めていた。

ホークスに３連勝したことは、選手たちのマインドセットにも大きな変化をもたらした。ホークスに勝てたんだから、ジャイアンツにも、タイガースにも勝てるんじゃないか？　そうした前向きな姿勢が出てきたのだ（そうそううまくはいかず、６月25日からのジャイアンツ戦では３連敗を喫してしまったのだが）。

２０２１年のシーズンで、カギとなるカードがあったとするなら、開幕カードのタイガース戦と、このホークスとの３連戦である。このふたつのカードがスワローズを変えたといっても過言ではない。

開幕のタイガース戦では、自分たちの弱点があぶり出され、もう一度立て直さなければならないと理解した。そして、開幕からまもなく３カ月というところで、地道に積み上げてきたものが、ホークスに３連勝したことで「自信」へと変わった。

現実的には、２０２１年のホークスはCS進出を逃したし、それまでの戦力とは違っていたのかもしれない。ただ、この数年というもの、ホークスが球界の「ベンチマーク」であり、ここでの勝利が７月以降の戦いにつながったことは間違いなかった。

シーズンの正念場

２０２１年は東京オリンピックの開催があるため、公式戦は７月14日をもって中断となった。この時点での上位３球団の順位は次のようになっていた。

タイガース	48勝33敗３分け
ジャイアンツ	43勝32敗10分け
スワローズ	42勝32敗９分け

首位タイガースとは２・５ゲーム差。開幕カードが終わった時点ではシンプルに３ゲーム

差がついていたわけだから、0・5ゲーム縮めたことになる。

シーズンは8月14日に再開したが（スワローズは新潟でのベイスターズ戦が雨のため中止、15日から再開となった）、8月から9月にかけては、東京2020開催の影響でホームである神宮球場で試合ができず、新潟、松山、広島、静岡をはじめとする各地で試合を行い、移動の負担はそれなりにあった。

そのせいもあってか、8月31日からのジャイアンツ戦では2敗1分、9月3日から5日のカープ戦では1勝2敗と負け越してしまった。試合内容も序盤、中盤で引き離されたり、ジャイアンツとの3試合目は9回に川端のタイムリーで勝ち越したものの、その裏にマクガフが失点して引き分け。長いシーズンを戦っていると、投打が嚙み合わない時期というものはあるが、それが9月にやってきたか――という状態だった。

この時点で首位タイガースとは3・5ゲーム差、2位ジャイアンツにも2ゲームの差をつけられていた。この状況で甲子園に乗り込んでの3連戦、まさにシーズンは正念場を迎えていた。

「絶対大丈夫」が生まれた発想

９月７日の試合前、僕は甲子園の室内練習場でメンバーを前に、こうスピーチした。

「絶対大丈夫だから。その大丈夫という根拠は、君たちが自分のことをしっかり理解して、君たちがチームメイト、周りのチームスワローズをしっかり理解しているから、絶対に崩れない。

これからまだまだ10連戦があったり、これからもっともっと大事なゲームが待っていると思うけど、自分のことをしっかり理解して、自分の足元をしっかり見つめて、周りのチームメイトを信じ、このチームスワローズが一枚岩でいったら、絶対崩れることはない。絶対大丈夫。これはしっかり自信もって戦って欲しい。

何かあったら僕が出ていく。何かあったら僕に相談して欲しい。何かあったらコーチに相談して欲しい。自分で抱え込まないで。これがチームスワローズ。これで、今年ずっと戦ってきた。去年の反省を生かし、今年どうやって戦っていくか、去年の悔しい思いを今年どうやって晴らすかということをずっとやってきたのが、今年のチーム。みんな自信をもって頑張ろう。絶対大丈夫。絶対行けるから。絶対大丈夫。

もし、今日グラウンドに立つときに、ふと思い出したら、絶対大丈夫とひとこと言って、打席に、マウンドに立って欲しい。絶対大丈夫だから。

どんなことがあっても僕らは崩れない。それだけ自信をもって、自分の足元を見つめて、胸を張って、グラウンドでは正々堂々と戦っていきましょう。いいですか？　よっしゃ、頑張っていこう」


お盆の時期にシーズンが再開してから、連勝とはいかずとも、同一カードで負け越すようなことはなかった。ところが、この前の週は思うような試合運びが出来ず、このままではムードが悪くなりかねないと感じていた。

そこで僕は、「選手たちのやる気を引き出せる前向きな言葉」を探しはじめた。

単純に「さあ、行こう！」とか、「頑張ってこい」とか、いつも使っている言葉でも良かった。しかし、選手としては中学、高校時代から何度も聞いてきた言葉だろうから、インパクトに欠ける。聞き慣れている分、刺激にならないのだ。もっと心に響くような言葉が欲しい。

そこでたどり着いたのが「絶対大丈夫」だった。

どんな言葉がいいだろうと考えていくなかで、いろいろな気づきがあった。

本来、「絶対大丈夫」という言葉は自分自身にかけるものであって、人に言ったり言われたりする性質のものではない。

野球選手の場合、「絶対大丈夫」という言葉は、試合前、あるいは打席に立つ前などに、自分に言い聞かせるワードなのだ。つまりは、自分の内面に語りかける場合に用いる。

だとしたら発想を変え、「外からこの言葉を投げかけたら、かえって響くんじゃないか？」と気づいた。おそらく、他人から言われたことがない言葉なのではないか。

短い漢字5文字にすぎないが、僕の気持ちが集約されていると思ったので、みんなを前に「絶対大丈夫」をキーワードにして話をした。何かあったら監督の自分が出ていくし、責任も取る。だからみんなは自信を持ってプレーして、気持ちよくグラウンドに立ってくれ、と。

実際、それまでにも何度か自分が出ていかなければならない場面があった。

7月6日の神宮で行われたタイガース戦では、相手二塁走者が紛らわしい動きをしたので、三塁を守っていた村上が声をあげた。このときはタイガースの矢野監督と僕とが主審を挟んでかなり激しいやり取りになったが、監督としては選手を守らなければいけないから、当然のことをしたまでだ。

そして「絶対大丈夫」ミーティングの翌週、9月13日のバンテリンドームでのドラゴンズ戦では、最終回のダブルプレーの判定をめぐって猛烈に抗議もした（判定は覆らなかったが、翌日、NPB＝日本野球機構から、二塁塁審が思い込みで判定を誤ったとして、厳重注意をした旨、そして謝罪があった）。

とにかく、選手たちに「絶対大丈夫」と思ってもらうためには、監督としてやるべきことをするしかない。

野村克也監督の言葉

この「絶対大丈夫」は、ミーティングの様子を球団スタッフがSNSで拡散してくれたこともあり、広く用いられることになったが、もうひとつ、僕には選手たちに伝えたい思いがあった。僕が教えを受けた野村克也監督の言葉である。

野村監督は、1993年の西武ライオンズとの日本シリーズが最終戦にもつれ込んだとき、われわれは最善の準備はしたけれども、最後は相手もあることだし、勝負はときの運だから——と話してくれた。全力で準備して、全力を尽くしてグラウンドで戦えればそれで十分なんだ、と。

現役時代、僕はその言葉に本当に救われた。勝敗は左右できないけれど、一生懸命やることに間違いはない。その言葉が思い出され、僕は選手たちに当時の自分と同じような気持ちになって欲しかった。だから「絶対大丈夫」という言葉は、野村監督の「人事を尽くして天命を待つ」という思いも含めて伝えたつもりだ。

その夜、選手たちはやってくれた。先発の奥川が7回無失点。打っては18安打12点。この試合で結果が出たこともあり、「絶対大丈夫」は彩りを含んだ言葉になった気がする。

僕が伝え、選手たちが中身を作ってくれたのだ。

10連戦と初の首位

レギュラーシーズン最大の山場が、9月から10月にかけてやってきた。

9月17日から10連戦があり、10月5日からはいずれも神宮でジャイアンツ、タイガースとの6連戦が待っている。

ここで決まる。

選手、スタッフの誰もが分かっていた。

結果的に、10連戦を7勝3分けで乗り切ることができた。

連戦中の9月22日の横浜でのベイスターズ戦では、中村悠平が勝ち越し打を放ち、2対1

で勝利。113試合目にして初めて首位に立った。

この10試合を乗り切るために、ローテーションをどうするか、9月上旬から投手コーチと話し合っていた。ポイントとなるのは、9月17日、18日のジャイアンツ戦だ。優勝するためには、絶対に叩かなければいけない相手であり、ここには状態のいい投手を起用する。そこで選んだのは奥川と高橋奎二だった。このふたりを先発させ、結果は1勝1分。十分な戦果をあげることが出来た。

この連戦の間に、先発で2度登板したのは高橋と石川雅規のふたりだけ。トータルで8人の先発投手を使い、みんなが結果を残してくれたことは、監督として大いに自信になった。2020年は脆弱だった先発投手陣が、ここに来て整備されたという手ごたえがあったのだ。

しかも、CS、日本シリーズを見据えて左腕の田口をリリーフに回したうえで、8人の投手を先発で起用できたのである。この後、スアレスもブルペンへ配置転換し、厚みをもたせた。ありがたいのは、ふたりとも新しい仕事を前向きに受け入れてくれたことだった。

「G」と「T」との6連戦

決戦は「G」と「T」との6連戦だ。

10月5日のジャイアンツとの初戦が始まる時点で、スワローズが首位で、2位のタイガースとは1ゲーム差、失速気味だった3位のジャイアンツとは5・5ゲーム差がついていた。いまだから書けるが、この6試合は5割で乗り切れればと思っていた。敵軍も総力戦を挑んでくるだろう。ここで踏ん張ればリーグ優勝も見えてくる。

ジャイアンツとの3連戦は、小川、サイスニード、原樹理の先発の並びで、3対2、3対0、1対0（しかもサヨナラ勝ち）と、先発とブルペンが噛み合っての3連勝。この勝ち方は監督としてうれしかった。

そしてタイガースとの3連戦は、初戦は奥川が6回2／3を1失点で4対1の勝利。2戦目は高橋が好投したものの、1対2で敗れ、1勝1敗。ゲーム差が縮まらないようにする意味でも、第3戦で負けないことが重要だった。

この試合は先制したものの、4回に石川が逆転を許し、2対4。それでも5回、6回に打線がつながりを見せて6対4とひっくり返し、石川―大西―スアレス―石山―田口―今野―清水―マクガフと、ブルペンのもてる力を総動員して逃げ切った。

6試合とも際どい試合が続いたが、5勝1敗で乗り切ったことで、CSに向けても大きな自信となった。

そしてこの連戦中、10月8日にはマジック11が点灯した。

マジック点灯のマジック

「マジック」という言葉が出ると、ロッカールームの雰囲気も落ちつかなくなってくる。選手たちからは「やっぱり神宮で胴上げしたくないですか?」とか、「この時期までに優勝出来たらいいですよね」という願望をよく耳にした。

ところが、監督という仕事はひとときも神経が休まらないから「本当にこのまま優勝できるのかな?」という思いが消えなかった。半信半疑というか、心配性なのである。

実際、マジックが点灯してからはメディアのみなさんとの仕事も増えてくる。まだまだ油断できない時期にもかかわらず、優勝に向けてのインタビューや撮影が増えてくるのだ。たとえば、スポーツ新聞には優勝した翌日に「手記」という形で原稿が載る。僕であったり、主力選手がシーズンを「独白」という形で振り返る。

そうした仕事が入ってくると、試合前に準備をして欲しい時間帯に選手の撮影があったりして、なんとなくフワフワした雰囲気になってくる。

「まだ早いんだけどな……」という思いが拭いきれず、僕は優勝関係の取材は可能な限り先延ばしにしてもらっていた。監督として、優勝出来ると確信をもてる時点まで、緩んだ雰囲気を出したくなかったのだ。

実際に競ったゲームを落としたり、マジック対象チームのタイガースがなかなか負けなかったりで、マジックの減り方が遅くなってきた。有利な立場にいるのは変わらないのに、人間とは面白いもので、追いかけられている、あるいは迫られていると感じると、途端に弱気になってくる。そうすると、選手たちから出てくる言葉のニュアンスも変わる。「球場はどこでもいいから優勝したい」とか、「優勝出来るなら、いつでもいい」という発言に変化するのだ。首位には立っているけれど、選手たちは追い込まれ、切羽詰まっていた。

この言葉を聞いたとき、「人間って、面白いな」と思った。遠征先で勝ってもいいし、相手が負けて優勝するのでもいい。みんながそうした言葉を口にするようになったのは、弱気になったからではない。追い込まれ、精神的にピュアな状態になっていたのだろう。

最初は理想を掲げ、「こうやって優勝したら楽しい」と思っていたものが、厳しいペナントレースの渦中に身を置くと、のんきなことは言っていられなくなる。こうした精神状態を経験することは、選手個人にとって大きなプラスになると思う。僕の経験からも、雑念を払った状態で試合に集中することはとても大切だからだ。

ペナント制覇

マジックが点灯し、優勝するまではかなり苦戦もしたが、どうにかマジックが2へと減り、僕はようやく記者の人たちの取材を受けた。本当にそのときまで、話せる気分ではなかったのだ。

10月26日、横浜スタジアムのベイスターズ戦に勝ち、タイガースがドラゴンズに敗れたことで、セ・リーグ優勝を達成することが出来た。

長かった。そして、本当に強くなったな……。選手たちに、心の底からそう声を掛けたかった。

シーズン終盤になってからの選手たちのパフォーマンスを見て、CSでタイガース、ジャイアンツのどちらと対戦するにしても、僕自身、「絶対大丈夫」と思うようになっていた。

クライマックスシリーズ・ファイナルステージ

試合間隔が空きすぎる不安

レギュラーシーズンで優勝したことで、スワローズはCSのファーストステージ、タイガースとジャイアンツの結果を待つことになった。

レギュラーシーズンの最終戦を戦ったのが11月1日のカープ戦。ここから11月10日に始まるファイナルステージ第1戦までの調整は難しいものがあった。

ただ、主力の青木、山田、村上あたりが休めたのはプラスに考えて良かった。シーズン後半は過密な日程で戦っていたこともあり、かなり消耗していたからだ。

また、ファイナルステージを戦ううえで、スワローズはエースを初戦にもってくることが出来るが、対戦相手はファーストステージを勝ち抜いた後なので、3番手、あるいは4番手の投手となる。このマッチアップはかなり有利である。

ただし、試合間隔が空きすぎてしまうのは不安の種だった。社会人チームと練習試合を組んだものの、競争を促す場ではないし、シーズンのように緊張感をもって戦うことは出来ないからだ。それでも、選手たちは緩むことなく、ＣＳに向けて準備をしてくれたと思う。

ジャイアンツというチーム

ファーストステージを２連勝で勝ち上がってきたのはジャイアンツだった。

僕は、ジャイアンツに対しては「意識」をしている。高校を卒業するまで広島に住んでいたから、テレビの中継で見るのはカープとジャイアンツの試合ばかりだった。強い、弱いは別として、ジャイアンツをいまも特別なチームとして見ている。

加えて、原辰徳監督の存在を意識せざるを得ない。なぜなら、昔から「原野球」というべきか、原監督のチーム作りの考え方や作戦について、興味をもっていたからだ。

原監督は、とにかく発想が豊かである。監督としての経験も豊富だし、何か新しい引き出しをもっているんじゃないか？　と対戦相手としては考えてしまうところがある。

加えて、ジャイアンツは細かいところまで野球が行き届いている球団だ。たとえば、バントに対する守備がめちゃくちゃうまい。キャンプ中だけでなく、シーズン中もある程度時間を使って練習をしているのかもしれないが、全員の動きがきびきびしていて、隙がない。それに加え、キャプテンの坂本勇人選手がチームメイトに対して妥協を許さない姿勢を貫いているのがダグアウトで見ていても分かる。連係プレーでミスがあると、厳しい口調で指示を与えている。だから若手に緊張感があるのだ。

テレビで見ていると「キャプテンって、何をしているんだろう?」と思うかもしれないが、坂本選手のリーダーシップはハッキリ感じられる。確固としたリーダーがいるチームは警戒しなければならない。

しかも、ジャイアンツはいい展開でタイガースに連勝し、勢いに乗っていると思われた。僕はミーティングで選手たちにこう話した。

「ジャイアンツは勢いで押してくると思うから、絶対に受け身にならないようにしよう。受け止めるんじゃなしに、ぶつかっていこう」

ところが、僕の心配は杞憂に終わった。選手たちは受け身になるどころか、最初から全力でぶつかっていってくれた。彼らはシーズンの厳しい戦いのなかで、格段の成長を遂げていたのだ。頼もしかった。彼らは「絶対大丈夫」だった。

奥川の完封勝利

第1戦、先発に立てたのは奥川である。初回にポンポンポーンと三者凡退で打ち取ると、

1回裏にスワローズが勢いに乗った。

塩見が二塁打で出塁すると、青木の進塁打、山田が四球で一死一・三塁。ここで村上のショートフライで、相手ショートの坂本選手の捕球体勢が崩れるのを見て、快速・塩見がホームを陥れた。ナイスジャッジ、ナイスランである。ダグアウトが盛り上がったところで、5番のサンタナが初球をレフトスタンドへと豪快に運んで、一気に3対0。試合の主導権を完全に握った。

援護点をもらったことで奥川も気持ちよく投げられたのか、プロ入り初めてとなる完封勝利をあげた。これでジャイアンツの勢いを削ぐことが出来たのは大きかった。

明暗を分けた川端勝負

第2戦の先発に立てたのは高橋奎二である。初回は無失点に抑えたものの、31球を要したこともあり、不安なことは不安だったが、イニングを重ねるごとに投球内容が良くなっていった。

試合が動いたのは6回裏の攻撃だった。二死二・三塁となって打席には8番の西浦。ここで原監督がマウンドに行くと、西浦を敬遠した。二死満塁となって、打順は投手の高橋。ここは迷わず、代打に川端を送った。

僕が警戒していた「原采配」とは、こういうことだ。ジャイアンツのマウンドにはエースの菅野智之投手がいた。力関係を考慮すると、西浦と勝負してもおかしくない。原監督は、高橋をマウンドから降ろしたかったのかもしれない。そのあたりの真意は分からないが、勝負をかけてきたと思った。

ＣＳの勝負を決める場面で、川端がいたのはありがたかった。川端はベテランらしい粘りを発揮し、押し出しの四球を奪った。２対０。そしてなおも続投する菅野投手に対し、１番塩見が左中間を破る走者一掃のタイムリー三塁打で５対０。これで試合をほぼ手中に収めた。

このイニングは紙一重の攻防だったと思う。もしも、菅野投手が川端を抑えていたら、試合の流れはガラッと変わっていたはずだからだ。それにしても、緊迫感に満ちた試合だった。

日本シリーズ進出

王手をかけての第３戦は、先発の原樹理が２回に打球を受け降板。金久保優斗が緊急登板となり、３回に１点を失ったものの、金久保から石山、スアレスとつないで７回表を終わって０対１。そしてその裏、「ノリ」こと青木が２点タイムリーを放ち、主役の座をさらった。

８回のマウンドには清水を送ったが、ジャイアンツの廣岡大志に同点タイムリーを許す。しかし、マクガフが９回を締めて２対２の引き分け。ＣＳのルールでは引き分けは上位チームの勝利としてカウントされるので、ここでスワローズの日本シリーズ進出が決まった。

３試合で決着をつけられたことに僕は満足していた。１年かけて積み上げてきたことが、ジャイアンツ相手に発揮出来たからだ。まだ日本シリーズが残ってはいたが、僕はとても満足していた。

ひとつ蛇足になってしまうが、この試合の後のセレモニーはちょっと忘れがたい。てっきりＭＶＰに選ばれるのは、初戦の好走塁、２戦目では菅野投手から試合を決定づける三塁打を放った塩見だと思っていた。みんなもそうだろう。発表の瞬間、塩見の方に注目し、手荒く祝う準備をしていたら……なんとＭＶＰは奥川だった。

ズッコケたのは言うまでもない。

２０２１年、いちばん笑ったのは、この瞬間だった。

第2章　日本シリーズかく戦えり

日本シリーズ、ローテーションの考え方

日本シリーズを前にして、第1戦の前日に両軍の監督会議が行われる。ひと通りルールの確認などを行った後、バファローズの中嶋監督から、事務局に対して「予告先発、しないんですか?」と質問があった。僕はそれについて、反応を示さなかった。日本シリーズの規定には、予告先発を義務づける文言はない。

スワローズとしては、規定通りに予告先発をせずに戦うつもりだった。

日本シリーズのローテーションについては、CSからの流れで考えていかなければならない。CSファイナルステージは11月10日水曜日に第1戦が行われ、3戦目の11月12日に決着がついた。ちょうど中7日で11月20日に日本シリーズ第1戦が始まる計算になった。

先発を考えるにあたって、軸となるのは奥川恭伸だった。

レギュラーシーズンの終盤、スワローズの先発陣を見渡したときに、いちばん勝てる確率が高いのは奥川であり、CSのファイナルステージ初戦の先発も奥川に任せた。僕としては日本シリーズ第1戦も、奥川の「一択」だった。

それでも、日本シリーズを前にすると周りが騒がしくなってくる。当然、評論家のなかに

は奥川と予想する人もいたが、彼はまだ2年目ということもあり、「初戦はベテランの方がいいのではないか」という見方をする人たちもいた。

たとえば、第1戦を小川、第2戦に石川という並びも十分に考えられる。ふたりなら6回を目途にゲームを作ってくれるだろう。

だが、僕の考えは違った。奥川を初戦にもってきて、間隔を空けてから第7戦に準備をさせるのが、日本一の確率をもっとも高められるローテーションだと思っていた。

日本シリーズを戦ううえでは、相手の先発ローテーションとのマッチアップも考えなければならない。バファローズは、第1戦は山本由伸投手、第2戦は2年目のサウスポー、宮城大弥《ひろや》投手の登板が予想された。

正直、山本投手を打ち崩すのは至難の業と想像していた。パ・リーグの他の5球団が研究を重ねているのに打てないのだから。いきなり手合わせして、勝てるほど甘くはない。

面白いのは「山本相手にはスワローズは分が悪いだろう。それならば、奥川を2戦目に回した方が、チャンスが広がるのではないか？」という見方をする人がいたことだ。

とんでもない。僕は「相手のエースから逃げてどうする」と考えた。相手エースに黒星をつけられれば、それだけで勢いがつくではないか。真っ向勝負を挑まなければ面白くない。

山本投手から点が取れるとしても、１点か２点だろう。だったら、完封で勝てばいい。完封できる可能性があると思ったのは、奥川と高橋だった。確率を比較すると、完封できる可能性が高いのは、奥川だ。

僕が高校生から大学生のころにかけて、「日本シリーズ２戦目最重要説」というものがあった。１戦目を落としても２戦目で勝てば五分。しかも１戦目に勝っていれば連勝。こうした２戦目を重視する戦い方が喧伝《けんでん》されていたが、そんな悠長なことは言っていられない。とにかく初戦から全力を尽くすしかないと思っていた。

初戦は奥川、そして高橋を２戦目に据え、舞台が東京ドームに移ってからは小川、石川というプランで戦うことにした。

この背景には、若い奥川と高橋をＤＨ制を採用するパ・リーグの球場で投げさせれば打席に立たせる必要がなく、投球に集中出来るという考えもあった。打席に立てば、バントのシチュエーションも出てくる。打席での仕事を考慮すると、小川、石川といったベテランの方が余裕もあるだろう。

５戦目以降は、ＣＳで打球を受けてケガをした原樹理、レギュラーシーズン以降、登板から遠ざかっていたものの、高梨裕稔も考慮に入れていた。そして６戦になれば中５日で高橋、

7戦にもつれこんだ場合は中7日の奥川で勝負にいくつもりでいた。

正攻法で、考えている通りの戦いをしたい。出来る準備はすべてやりつくし、全勝するつもりで臨む。僕は日本シリーズに勝てると信じていた。

第1戦　京セラドーム大阪

プラン通りの試合運び

第1戦はダグアウトで見ていても、「これ、どうなるんだ?」とワクワクするような試合だった。

試合は4対3でバファローズがサヨナラ勝ち。スワローズとしては勝てるゲームを落としたことになる。

ゲームプランはシンプルだった。奥川が抑える。山本投手をなんとか引きずりおろす。そのためにはロースコアで試合を運び、相手の2番手、3番手が出てきたところで点を取って逃げ切る。

そして、願ったり叶ったり、プラン通りの試合運びが出来たのだ。

山本投手には６回で１１２球を投げさせ、１点を先制したところで降板に追い込んだ。まったくもってプラン通りだった。

「スワローズ打線はファウルでよく粘り、球数を投げさせた」というコメントを目にしたが、実際には山本投手の球を打っても、なかなか前に飛ばなかったというのが真相だ。というのも、追い込まれてからでは打者の分が悪くなるのは目に見えていた。持ち球はすべてコントロールが良く、待球作戦を取って四球で歩くことも難しい。では、どうするか。とにかく浅いカウントからどんどん打っていくしかない。

実際に対戦してみると、山本投手は本当に素晴らしかった。スワローズの打者からヒットは出るものの、点に結びつけられず、５回終了時点で８個の三振を奪われていた。

ようやく糸口を見つけられたのは６回表、先頭の山田が四球で歩き、村上の三振を挟んで、サンタナも四球。チャンスが転がり込んできた。ここで中村が見事、センター前へのタイムリー。待望の先制点を奪った。

僕としては、エースを相手にラスト３イニングで勝ち負けが決まる状況にもっていけたことで、プラン通りの戦いが出来ていると実感していた。そしてリードしていることはいったん忘れて、ここからの３イニングで追加点を取り、ダメ押しをして、逃げ切るつもりだった。

奥川の見たことのない表情

奥川も走者を出しながらも要所を抑える投球で７回を迎えた。一死後、９番のところで代打のモヤ選手を迎えた。研究の成果もあり、カウントは１―１と、うまく伏線を張りながら配球を組み立てていた。ダグアウトでも安心して見ていたのだが――。３球目、外角高めに外れた球をモヤ選手が強振した。打った瞬間に「やられた」と分かった。ライトスタンドに飛び込むホームランだった。

これでスコアは１対１。奥川は後続を断ったが、97球を投げており、ここでブルペンにスイッチすることを決めた。

奥川がダグアウトに戻ってきた瞬間、こう声をかけた。

「奥川、次は７戦目だから」

そのときの奥川の表情が忘れられない。彼は高校時代から夏の甲子園の決勝をはじめ大舞台の経験が豊富であり、感情を抑制することが出来る。ところが、このときばかりは、珍しく感情がむき出しになっていた。泣いているわけでもなく、怒っているわけでもなく、悔しさ、戸惑いといった人間のありとあらゆる感情が浮かび上がっていたのだ。

僕は慄然《りつぜん》とした。それまで見たこともない表情だったからだ。

「7戦で、もう一度回ってくるから。7戦に合わせてね」と続けて声をかけると、奥川は「ハイ」と答えた。

さらに驚いたことに、奥川は全身から熱を発していた。ユニフォームを通してでさえ、発熱というか、興奮によって体が火照《ほて》っていることが分かったのだ。尋常ではなかった。僕はすごいものを見た……と思った。

奥川には様々な感情が渦巻いていたのだろう。日本を代表するエース、バファローズの山本由伸投手と堂々と投げ合い、向こうの方が最初にマウンドを降りた。先制点をもらい、この展開なら勝てると思っていた矢先、最後の最後に悔いの残る球を投げてしまった。悔しさ、情けなさを感じていたと思う。

後日、奥川とそのときの配球を振り返った。モヤ選手への投球は、初球、2球目と申し分なかった。本人によれば、「三振に取れるイメージは出来ていた」という。投じた3球目は、詳しくは書けないが、本人も「なぜ?」と思ってしまうほど、まったく違うところにボールが行ってしまった。

「自分でもちょっと理解出来てないですし、びっくりしました。説明がつかないような失投です。ただ、絶対に三振を取れると思ってしまったところに、油断と隙が生まれたのかもしれません」

奥川はそう話していたのだが、これを聞いて驚いた。高卒2年目なのに、ものすごい高いレベルで野球を考え、しかもそれが実行出来ていた。奥川には絶対に打たれない自信があった。ところが、高卒2年目の若者には、大きな落とし穴が待っていたというわけだ。

マクガフ、痛恨のミス

それでも、今度は8回表に打線が仕事をした。相手が3人目のヒギンス投手を投入してきたところで、先頭の山田が0―2と追い込まれてからレフト前ヒットで出塁、そして打席には村上が入った。村上はカウント1―2から甘く入った球を見逃さなかった。バックスクリーンへと弾き返す勝ち越し2ランだ。

これぞ、僕が思い描いていた、まさに100点満点の展開だった。ロースコアにもち込み、ブルペン勝負でしっかり勝ち切る。しかも、山田と村上で仕留めたのだから願ってもない展開だ。8回裏は清水がランナーふたりを出したものの0点に抑え、9回裏を迎えた。当然、マウンドにはマクガフを送った。

マクガフの紅林《くればやし》選手に対する投球は悪くなかった。むしろ、調子は良かったと思う。ところが、カウントを悪くしてストライクを取りに行ったところをライト前へ運ばれた。

ここで代打にアダム・ジョーンズ選手が出てきた。かつてはメジャーリーグのオールスターにも選ばれた大舞台の経験が十分な選手だ。マクガフはどういうわけか間合いが悪くなり、フルカウントになってから歩かせてしまった。

無死一・二塁。ここで１番の福田選手を迎えることになった。この後、主軸に回っていくところであり、百パーセント、バントのサインが出る場面だ。こうなってしまっては同点を覚悟しなければならないから、バッテリー、内野にはしっかりとアウトをひとつ取るように指示を出した。

そして初球。マクガフは三塁側に転がったバントを捕球すると、反転して三塁に投げた。

それはダメだ……。

この福田選手のバントは素晴らしかった。投手が慌てて取りに行かなければならないようなところに転がし、しかも福田選手自身の足も速い。急ぎつつも丁寧に処理して一塁に送り、一死を取るのが無難である。ところが、マクガフは三塁に送球することを選択、しかも送球がやや乱れ、三塁の村上の捕球が不安定になった。

セーフ。無死満塁。

これはマクガフのミスだった。あの場面で、もちろん三塁でアウトに出来れば大ファインプレーである。しかし、バントの質を考えるとリスクが大きすぎた。99パーセントの確率でアウトに出来たとしても、一塁に送球してアウトをひとつ取るべき場面だった。

勝利へのシナリオ

ダグアウトにいる立場としては、3対1と2点をリードしているわけだから、一死二・三塁になって同点を覚悟しつつも、負けるわけではない。延長になっても構わない。一死を取って、2番に入っている宗選手を何がなんでも打ち取る。そうすれば二死二・三塁となり、3番の吉田正尚選手は逆転のランナーとなってしまうが、敬遠する。そして4番の杉本選手と勝負するというシナリオは書けていた。

もちろん、相手はバファローズの4番打者、甘い球は投げられない。際どいところへボールを投げなければいけないから、押し出しの可能性もある。だが、万が一、押し出しになったとしても、まだ3対2。5番のT－岡田選手は前の打席でヒットを打っていたが、ここまで引っ張って勝負してもいい。

そうした勝利へのシナリオが、無死満塁になったことで雲散霧消した。この展開になってしまっては、「さすがに許してはもらえないな」と思った。野球は、それほど甘いものではないからだ。

案の定、バファローズは許してはくれなかった。マクガフは、2番の宗選手に1—2と追い込みながらもセンター前へのタイムリーを許して3対3の同点となり、なおも無死一・二塁。バファローズの押せ押せムードのなかで、3番の吉田正選手を打席に迎えた。

そして初球、吉田正選手は会心の一撃をセンターに飛ばした。タイムリー二塁打を打たれてのサヨナラ負け。

無死満塁になった時点で、こうなるだろうなという予想通りの結末だった。100点満点に近いゲームが、こんなことになるのかと妙に冷めた自分がいた。

試合後のコーチ会議

試合後のコーチ会議では、やはり9回裏の話がメインになった。

バントのフィールディングはもちろんのこと、9回先頭の紅林選手にヒットを許したこと、そして、代打に出てきたアダム・ジョーンズ選手への四球は絶対に与えてはならないものだった。

バント守備に関しては、シリーズのなかでまた同じような場面を迎えることになるかもしれないので、動きを徹底していくことを確認した。一方で、相手エースの山本由伸投手を6回で降板に追い込んだことは評価していいのではないか、という話にもなった。勝っても負けても、いつもと同じように評価すべき点があり、反省すべき点があるということだ。

その後、9回のマクガフの投球を映像で確認したが、最後の吉田正選手に対しては、ゲームの流れに飲み込まれてしまったような印象を受けた。

ファンのみなさんには「もう止められない」ように見えたかもしれないが、あの場面でも出来ることはあった。初球、中村はアウトコースのストレートを要求したのだが、心の動揺が影響したのか制球が乱れ、アウトハイの打ちごろのところにボールが行ってしまった。もう少し冷静に組み立てるチャンスはあった。負けたのに加え、相手の主軸にいい思いをさせてしまうのは、日本シリーズでは得策ではない。

今日打たれたって、明日抑えればいい

予想されたことではあったが、メディアからは「第2戦以降も抑えはマクガフなのか？」という声が聞こえてきた。これはスワローズにとって「雑音」でしかなかった。このシリーズだけではない。シーズン途中からわれわれはマクガフがゲームをクローズして勝ってきたのだ。こんな大事なところで代えるわけがない。

翌日、第2戦の練習前に僕はマクガフと話をした。

「スコット（マクガフのファーストネーム）、昨日はああいう結果になったけど、スタッフは君のことを信頼しているから、今日もしっかりと準備をしておいて欲しい」

すると、マクガフも「昨日のことはもう吹っ切れた。大丈夫だよ、心配ない。いつもと同じように準備する」と答えてくれた。

力強く話してくれたマクガフの気持ちは、クローザー経験のある僕にはよく分かった。

クローザーという職種に就く人間は、絶対に弱みを見せてはいけない。それは相手に対してだけでなく、味方に対しても一緒だ。昨日は打たれたけれど、今日は抑えるから大丈夫だ

――そうしたオーラを試合前から出さなければならない。さすがの俺でも全部を三振には取れないから、後は守ってくれ、というような親分風を吹かせることも仕事の一部なのだ。

僕自身が、そうだった。神宮でも、シカゴでも、打たれてサヨナラ負けを喫したときでも、堂々と胸を張ってダグアウトに帰るようにしていた。表情は一切変えずに、「打った方がうまかったな」と思ったりしながら。

でも、帰りの車の運転席についてアクセルを踏むと、その瞬間に叫んでいた。「あああああ！」。そうやって自宅に帰る間に鬱屈した気持ちを発散させつつ、家に帰ってからは、「ああ、仕方がないな」と思いながら映像を確認する。それでおしまい。翌日になって球場に行くときは、もう気持ちは切り替わっている。

クローザーという職業は、一日のサイクルが先発や野手よりも、めちゃくちゃ早い。同じ24時間であっても、準備する時間も短ければ、仕事する時間も短い。9回の登板、それも10分ほどで終わってしまう。すべてがパッ、パッ、パッと切り替わっていくのだ。

今日打たれたって、明日抑えればいい。毎日登板する可能性のあるクローザーにとっては毎日が新しい日、「ニューデイ」なのだ。

マクガフも、自分のなかで切り替える方法をもっているはずだ。間違いなく悔しかっただろうが、試合前の準備を見る限り、心配はなさそうだった。もちろん、勝ちパターンならば、マクガフを投入することに躊躇はなかった。

第2戦　京セラドーム大阪

流れを変える

翌日は日曜日。目覚めてから試合を迎えるまで、いろいろと考えることはあった。まず、前日の試合時間は3時間46分だったというが、僕自身、まったく長いとは感じなかった。シーズン中のゲームよりも、体感としてはあっという間であり、しかも中身が濃いから楽しい。

初戦はいいピッチングと、いいバッティングがあった。ところが、一つひとつの試合の意味が大きい短期決戦の初戦でサヨナラ負けを喫してしまったわけで、このままでは相手の流れに飲み込まれてしまう――。第2戦は流れを変える試合にしなければならない。

第2戦の先発には、自信をもって高橋奎二をマウンドに送った。シーズン後半戦の高橋の投球は信頼に足るものだったし、彼の気持ちのこもった投球が、スワローズに流れを引き戻してくれると信じていた。

高橋は初回のリズムは悪かったものの、尻上がりに調子を上げていった（いつものことといえば、いつものことである）。

対するバファローズの先発は、宮城大弥投手。奥川と同じ高卒２年目の投手だ。ほぼ１カ月ぶりの登板だったが、スワローズは彼の球に苦しめられた。５回まで、パーフェクトに抑えられた。

監督を務めるようになってから、中盤までヒットが出なかったりすると、こう思うようになった。

「今日、やられるんじゃないか？」

ノーヒッターの不安をおぼえてしまうのだ。この日もそうだったが、なぜ、宮城投手の球が打てないのか不思議でもあった。スピードを比較したら、高橋の方が速い。ところが、右打者も左打者も全部差し込まれていた。なぜだ？　コースがいいところばかりではなく、真ん中高めでも差し込まれており、それは球速以上の球の質、キレがあると考えざるを得なかった。

スワローズの打者は、捉えたと思ってもファウルになってしまったり、緩急をつけられてタイミングをずらされたりしていた。前夜の山本投手に続き、宮城投手の球はなかなか前に飛ばなかった。球の軌道や、質といった面で、初対戦で捉えるのは難しい投手だったのかもしれない。

流れが変わったのは6回表の攻撃だ。一死後、下位の西浦、坂口の連続ヒットで一・二塁。セットポジションになってどうなるか？　と注目して見ていたが、塩見、青木が倒れて先制点ならず。7回にも村上のレフト前ヒットが生まれたが、結局、7回を終了して0対0のままだった。

高橋は6回、7回と三者凡退に抑え、投球内容がどんどん良くなっていった。これならば、8回までは引っ張れる。高橋が投げているうちになんとか点を奪いたい。

根性のヒット

8回表、チャンスがめぐってきた。一死後に西浦が四球を選んで出塁。二死になってから1番塩見がレフト前にヒットを放ち、ここで青木が打席に入った。ここはワールドシリーズの舞台にも立った青木を信じるしかない。

初球はボール。そして2球目は、内角の厳しいコースに入ってきた。難しい球だ。ところが青木はそれを強振、詰まった打球はセンターの前に落ちた。西浦生還。待望の先制点をもぎとった。

何年も野球をやってきて感じるのは、8回の勝ち越しというのは、勝ちにつながる可能性が極めて高いということだ。8回の先制点。これは序盤の先制点よりも、何十倍、何百倍もの大きな意味をもつ。

しかも、青木のバッティングは技術とか理屈を超えていた。プロは技術を競う場だとは思う。しかし、あの青木のタイムリーは、食い込まれながらもバットを押し込み、なんとか前に打ってやろうという根性なくしては生まれないヒットだった。あのヒットには「根性」があった。

１１２球を投げていた宮城投手は、ここで降板となった。スワローズがマウンドから降ろしたというよりも、どちらかといえば、球数でバファローズのダグアウトが判断しての交代だった。

宮城投手は、コンディションの問題なのかCSでは登板しておらず、そこまで状態は良くないのではないかと想像していたが、「クロスファイア」――対角線をなぞっていく球筋にバッターが手こずってしまった。

いまだから書けるが、スワローズはシーズン中に左投手を比較的得意としていたこともあり、ここまで苦戦を強いられるとは予想していなかった。

それでも、スワローズとしては、第1戦、第2戦と相手の看板投手ふたりに勝ち星をつけさせないことに大きな意味があった。プラン通りの試合運びが出来ていた。一線級の投手相手に十分に戦えている。

プラン変更――高橋続投

7回を終えて、高橋は100球に到達していたが、球のキレも良く8回の続投に迷いはなかった。一死を取った後、9番の粘ってくる安達選手に四球を与えたのは誤算だったが、福田、宗の両選手を外野フライに打ち取り、ことなきを得ていた。

さて、どうやって9回を逃げ切るか――。

1対0のまま9回裏に突入した場合、バファローズは3番の吉田正選手から始まることもあり、高橋を続投させようと思っていた。吉田正選手は高橋の球に押され気味だったからだ。そして一死を取ったところでマクガフを投入するつもりでいた。

しかし、事態は9回表に好転する。サンタナの四球を足掛かりに中村の犠牲バント、７番のオスナにライト前タイムリーが飛び出し、２対０となった。喉から手が出るほど欲しかった追加点が入った。

「これなら、奎二に最後まで投げ切ってもらえる」

プラン変更だ。

2点目が入ったことで余裕が生まれ、高橋の完投という目が出てきたのだ。

レギュラーシーズンでの最多投球数は１２２球（２０２１年8月24日、ドラゴンズ戦）で、そこに不安をおぼえた人もいたかもしれないが、レギュラーシーズンからクライマックスシリーズにかけ、きっちりと調整はしていたから、この一戦だけなら任せられる。

よし、奎二で行こう。そう決めた。

この直感は正解だったと思う。これはまったく想像でしかないが、バファローズ側はマクガフにスイッチして欲しかったかもしれない。前日の残像もあり、マクガフに代わったらバファローズのダグアウトは盛り上がったはずだ。その意味でもこの追加点は大きかった。

高橋はたくましかった。吉田正選手をショートライナー、杉本選手をライトフライ、そして代打のジョーンズ選手を三振に打ち取った。高橋にとっては、日本シリーズという大舞台でプロ入り初完封を達成したことになる。奥川の初完封はＣＳ、高橋は日本シリーズ。若いふたりが〝ビッグタイム・ピッチャー〟であることを証明してくれたのは、何よりうれしかった。

俯瞰して状況を見ると、第1戦での嫌な流れを断ち切って東京に帰れるのが大きい。初戦、2戦目は奥川、高橋、相手も山本、宮城と２０２１年の球界を代表する投手が堂々と投げ合ったが、東京に帰れば打撃戦、そしてブルペン勝負が予想された。セ・リーグの球場でブルペン勝負となれば、スワローズに分があるだろう。

それにしても、高橋はノリに乗っていた。実はこの完封劇の後、「次は第7戦の6回から投げる準備をしておいてくれ」と伝えた。第2戦をモノにした時点で、すでに「奥川―高橋」のリレーのプランを描いていたのだ。

すると、高橋から「第6戦じゃなくていいんですか？」という返事があった。思わずニヤッとしてしまった。二軍時代から、彼は回復期間をしっかりと取った方が自分の投球が出来る。それは高橋自身がいちばん理解しているはずだ。それなのに、中５日の土曜日に登板する気満々だったのだ。

奎二、絶好調だな。頼もしかった。

第３戦　東京ドーム

ガラリと変わる戦い方

２０２１年の日本シリーズ第３戦から第５戦までは、本拠地の神宮球場が明治神宮野球大会の開催と重なってしまったことで、東京ドームでの開催となった。

２戦目を終えて１勝１敗。第１戦の９回を除けば、理想的な野球が出来ていた。しかもダグアウトで試合を見ていても、面白い。競り合いのなかでどちらに試合が転ぶか分からない展開だったことで、ファンのみなさんもスリリングな体験が出来たのではないか。

第３戦からは戦い方がガラリと変わると予想していた。やはり、東京ドームとなると空中戦もあり、序盤から点が入る展開になるだろうから、ある程度の失点は覚悟しなければならない。京セラドームでは両軍のエース同士の投手戦となったが、ここからの３試合はリリーフ勝負になっていくというのが僕の予想だった。たとえば、先発が悪ければすぐに代えるし、良くても打順のめぐり合わせから代打を出し、リリーフに託す場面も出てくる。

シーソーゲーム

第3戦の先発は小川である。間違いなくゲームを作ってくれるという信頼がある投手だ。実際に試合の入りは素晴らしかった。

初回、2回と三者凡退に抑えて上々の立ち上がりを見せたが、3回に紅林選手のヒットから、ショート西浦のエラーも絡んで一死満塁のピンチを迎えた。打席には2番の宗選手。ここでライト前にタイムリーを打たれて1点を先制されたが、小川が仕事をしたのはなおも満塁のピンチで3番吉田正選手を三振、4番の杉本選手を一塁ファウルフライに打ち取ったことだ。ここで中軸にヒットが出ていたら、かなり苦しい展開になったことは間違いない。

一方、打線の方はバファローズの先発、田嶋投手の制球が乱れていたこともあり、四球を絡めて塁上を埋めるのだが、なかなか点に結びつかない。それでも5回裏、青木のヒットを足掛かりに村上、サンタナが四球で二死満塁。ここで中村にセンター前タイムリーヒットが出て、さらには返球を受けた三塁・宗選手の悪送球も絡み、一塁からサンタナが必死に走ってホームイン、3点を取って逆転した。このときのサンタナは本当に必死に走っていた。生還したサンタナをみんなが笑顔で迎え入れた。

第3戦は想像通り、序盤から動く展開になった。逆転したこともあり、有利な試合運びには違いない。

しかし、6回の小川の投球は悔いが残るものとなった。先頭の吉田正選手に二塁打を許すと、杉本選手にライトスタンドに運ばれて3対3の同点となった。警戒しなければいけない場面での一発だった。さすが、バファローズは甘い球を許してくれない。

石山の「4アウト」

試合はシーソーゲームの様相を呈する。

7回表にスアレス、田口とつぎこんだが四球ふたつでピンチを迎え、警戒していた吉田正選手のレフト線にふらふらと上がった打球が二塁打となり、勝ち越しを許してしまった。

この危機を救ったのは石山だった。

二死満塁の場面でマウンドに上がった石山は、代打のジョーンズ選手を決め球のフォークで三振に打ち取った。このフォークのキレが抜群で、これなら次のイニングも石山の続投だと即決した。

５月、石山をクローザーから外したのは僕にとっても苦しい決断だったことはすでに書いたが、本人の必死の努力が実って日本シリーズの大舞台で最高の投球をしてくれた。僕は、ダグアウトで思わず「よっしゃ！」と叫んでいた。こういう瞬間は、本当に監督冥利に尽きる。


勝ち越しは許したものの、満塁のピンチを抑えたことでダグアウトは盛り上がる。試合はすでに終盤を迎えていたが、試合がこのまま終わるような気配は微塵もなかった。まだ、試合は生きていた。すると――。

７回裏、青木がしぶとくレフト前にヒット、期待された山田、村上はチャンスを広げることが出来なかったが、サンタナがやってくれた。右中間スタンドへどでかいホームラン。これで５対４。マスクをしていたファンのみなさんの歓声がすごかったし、ダグアウトの盛り上がりは最高潮に達した。

振り返って見れば、２０２０年のシーズンまでは村上がアウトになった時点で、得点の可能性は低くなっていた。敵軍もそう思っていたはずだ。「村上まで抑えれば、スワローズは怖くない」と。この日はサンタナを５番に置いていたが、レギュラーシーズン中はオスナであったり、ふたりの外国人が５番に定着したことで、得点機が数倍にも膨らんでいた。

５番の見事な仕事は、スワローズが取り組んできた課題を解決したからこそだ。これはサンタナ本人だけでなく、オスナもそうだし、ふたりを獲得した球団の見事な仕事でもある。

そして８回表は石山が三者凡退に抑え、１点差ではあるが完全に主導権を握った。

石山の〝回またぎ〟による「４アウト」の意味は大きかった。

７回の重要性

日本シリーズでの終盤の戦い方はシーズン中と基本的には同じで、９回マクガフ、８回清水と逆算して考える。この２イニングはある程度、計算が立つ。となると、問題になるのは７回なのだ。短期決戦において７回は、「どんな手を尽くしてでもしのぐ、いや、しのぎ切らなければいけないイニング」なのだ。

事実、この日もスアレス、田口、石山と３人をつぎこんで、なんとか１点に抑えたという見方も出来る。８回には清水も用意していたが、いまの石山の状態から、回またぎでも行けると踏んだわけだ。

ただし、バファローズも簡単には引き下がらず、8回裏にはマウンドに上がったK－鈴木投手が三者三振のピッチング。追加点が取れれば……という甘い期待は吹き飛んでしまった。

この試合に限らず、日本シリーズのすべての試合が最後までもつれたのは、こうした場面で両軍が崩れなかったからだ。もしも、この8回裏にスワローズがドーンと点を取っていたら、試合どころか、シリーズ自体の均衡が崩れてしまったかもしれない。その方がスワローズとしては楽だったが、お互い踏ん張れたことで、面白いシリーズが生まれたのだと思う。

9回のマウンドはもちろん、マクガフである。先頭の若月選手にヒットを許し、二死一・二塁の場面を作ってしまったが、杉本選手を一塁ゴロに打ち取りゲームセット。第1戦の「亡霊」は現れることなく、スワローズが一歩先んじることが出来た。

第4戦　東京ドーム

石川の真骨頂

このあたりから、僕は日本シリーズで戦っていることが本当に楽しくなってきた。もちろん、リードしていることもあっただろうが、投手がピンチを抑えればうれしいし、点が入れば楽しい。だから、ダグアウトでも素直に感情を出そうと思っていた。

シーズン終盤から選手たちがダグアウトでいい感じで盛り上がっていたので、自分もそれに乗っかっていこうという感じだった。選手が楽しそうにやっているのだから、自分も喜んでも構わないだろう。

そして第４戦は、石川のゲームだった。彼がプロで積み重ねてきたことが見事に表現された試合で、２回から５回までの４イニングをすべて３人で抑えてくれた。見事としか言いようがなかった。

試合前はいろいろなプランを考えてはいた。ロングリリーフだったら誰を起用しようとか、第３戦と同じように終盤のブルペン勝負になったらどうつなぐかといったことに考えをめぐらせていたが、そんなプランは石川の好投で吹っ飛んでしまった。ありがたい。

この試合の投球こそ、石川の真骨頂だった。とにかくボールを低めにコントロールし、相手に長打を許さない。丁寧に、丁寧に投げ、「石川らしさ」を全開にした投球だった。

打線では２回裏にサンタナが先制のホームランを放ち、１点を先制。「こりゃ、このまま行ったらＭＶＰだぞ！」みたいな感じでダグアウトは盛り上がっていた。

６回表はなんと２球で二死。まさに石川劇場の展開だったが、１番の福田選手にヒットを打たれ、2番宗選手のヒットをサンタナが処理を誤り、福田選手の生還を許してしまった。これだから野球は難しい。正直、防げる失点だっただけに悔やまれた。が、石川は3番の吉田正選手を二塁フライに打ち取って1点に抑えた。

ブルペン勝負

この失点はミスが絡んだため、流れという意味では良くなかったが、俯瞰して見たときに、6回表が終わった時点で1対1の同点という展開は、僕が望んでいたブルペン勝負にもち込める。6回までで石川はお役御免。これ以上はない仕事をしてくれたので、ここから先はどうやってベンチの札を切るか、あらゆる可能性を検討しながらの勝負になった。

振り返ってみると、この試合は6回が鍵だった。

バファローズは先発の山﨑颯一郎《そういちろう》投手に代打を出しており、6回裏から増井投手がマウンドに上がった。ここで先頭の山田が四球で出塁したが、村上の一塁ライナーでダブルプレー。流れがバファローズに行きそうな気配だったが、サンタナの四球の後に中村がライト前ヒットでつないだ。ここでオスナがセンター前にタイムリーで勝ち越し。嫌な流れを断ち切っただけでなく、2対1と主導権を握って終盤に突入することが出来た。

それにしても「5番以降でどうチャンスメイクするか?」という課題に対して、ホームランではなく、複数の選手たちが絡んで得点してくれたわけで、競り合いのなかで生まれたこの1点は大きかった。

そしてこの試合、ブルペンが会心のゲームを作ってくれた。7回を石山(2三振!)、8回を清水(ヒットは許したがダブルプレーでチェンジ)、9回は前日に続いてマクガフに託すと、無難に抑えて逃げ切った。まさに、僕はこうした競り合いのゲームをモノにするためにスワローズを強化してきたのだ。

そんな戦いが出来て、しかも日本一に王手。申し分のない展開である。

ところが、翌日は競り合いを落とすことになる。

第5戦　東京ドーム

山田の同点3ラン

この試合は、本当に面白かった。ダグアウトで指揮しながら、「これ、いったいどうなるんだ?」と結末が見えないなかで最善手を探していた。

試合の展開としては悪くはなかった。2回、無死一・三塁から、オスナのサードゴロゲッツーの間に1点を先制した。

4回表に同点に追いつかれるが、その裏に飛び出したのが村上の勝ち越し弾。4番が打つ。シーソーゲームを戦うなかでは、役者が仕事をすればそれだけ勝つ確率が高くなる。

ところがこの日は、バファローズが粘った。6回表、エラーをきっかけにして2対2の同点。ここでスワローズは先発の原樹理からブルペン勝負へとスイッチした（バファローズも6回裏の途中からリリーフへとつないだ）。

2対2で迎えた終盤、7回は石山を投入だ。

しかし、この日は相手の下位打線、先頭の紅林選手にヒットを許すと（書いていて気づいていたが、とにかく〝紅林選手〟と書く機会が多い。それだけ打たれたのだ）、8番に入っていた太田選手に三塁打を打たれ2対3。さらに代打のモヤ選手にもタイムリーを許し、2対4。傷口が広がってきたところで今野を投入し、火消しに走った。

2点ビハインドの局面——この時点では6戦目以降のことも考え始めなければならないから、勝ちパターンの投手は投入しにくい。8回は大西広樹に任せたが、二死を取った後に紅林選手のヒット（まただ）、7番の伏見選手に二塁打が出て、追加点を許してしまった。2

対5。

ところが、である。終盤で3点差をつけられる厳しい展開だったが、不思議とまだ勝負はついていない気がしていた。たぶん、東京ドームで観戦していたファンのみなさんもそう感じていたのではないか。このままでは終わらないという根拠なき予感が。そしてそれは現実となる。8回裏、山田に同点3ランが飛び出したのだ。

さすがにこのときは震えた。いかにも山田らしく、打った瞬間に「入った！」と分かる打球だった。

最高に楽しい展開である。こんな試合になってくると、さすがに落ちついていられない。とにかく、この試合は面白い。自分自身がワクワクしていたし、キャプテンの山田が値千金の同点弾を放ったからには、なんとかこの試合をモノにしなければいけない。

消えた「誕生日日本一」

9回表は迷わずマクガフ。このイニングを抑えてもらい、サヨナラ勝ちのパターンを作る。ところが、いきなり先頭のアダム・ジョーンズ選手にホームランを打たれてしまったのだ。第1戦で四球を許していたから、警戒しすぎていたのかもしれない。

結局、9回裏にスワローズは抵抗を見せられず、試合は5対6で敗れた。ものすごい試合を戦ったから、体が火照っていた。勝てる展開にもち込んだにもかかわらず、この試合を落とした。村上が打ち、山田も打った。この試合は勝たなければいけなかった。

正直なところ、一気に行きたいという気持ちはあった。東京ドームでパッ、パッ、パッと勝って終わりというのが理想ではあった。僕のなかでは、ひとつ負けてしまうと流れが変わってしまうのではないか、という不安が拭えなかったからだ。

実は、この日は僕の53回目の誕生日だった。現役時代から11月下旬までプレーしていたことはなく、だいたいは秋季キャンプが終わったあたりで、納会とか、選手会の旅行をやっている時期であり、そうした場でみんなにお祝いしてもらうのが通例だった。ところが、2021年のシーズンは東京オリンピックの影響で秋も深まった時期に日本シリーズが行われることになり、誕生日をユニフォームを着て迎えることになったわけだ。

当然のことながら、誕生日に公式戦を戦った記憶はない。スポーツ紙の記者のみなさんも「誕生日日本一」を期待して、そうした見出しを打っていた。僕もその気満々だった。しかし、現実は甘くない。おそらくは一生に一度のチャンスである「誕生日日本一」を取るプランは、はかなく消えてしまった。

人生、そんなにうまくいくもんじゃないな――と思った。

第3章

運命の第6戦、涙の日本一へ

極限の疲労と神戸への移動

シーソーゲームは、選手たちの体力とメンタルを削る。第5戦を終えた時点で選手たちの疲れは極限に達していたのではないか。

ただ、僕自身はすごく幸せに感じていた。この時期に日本シリーズを戦えること、それだけでなく、「選手たちは、堂々とこんな戦いが出来るようになったんだな」と感慨深かった。

翌日の11月26日金曜日、われわれは神戸へ移動した。本来であれば京セラドームで開催するはずだったのだが、「先約」があって開催できず、ほっともっとフィールド神戸で試合をすることになった。

11月下旬の神戸は本当に寒かった。正直、野球をやる環境ではない。屋外で、しかも天然芝。外野フェンスのクッションボールや、ナイター照明、そして寒さもあり、無数にトラップが仕掛けられているように思えた。コーチ陣からは「金曜日に新幹線で移動した後に、ナイター練習をした方がいいんじゃないですか?」という意見が出た。

僕を含めコーチ陣は、神宮から広島や甲子園のような、人工芝が敷かれていない球場に移動した場合、出来るだけ練習をする方向で考える。

日本シリーズ第6戦は、スワローズにとって10月29日にマツダスタジアムでカープと戦って以来、久しぶりの土のグラウンドでの試合であり、コーチ陣の考えは理解出来た。実際に土のグラウンドの守備はとても難しい。無数に穴が開いていて、イレギュラーする箇所がたくさんある。

土の質も日米では違っていて、アメリカのインフィールドはすごく硬いのでほとんどイレギュラーしない。日本では、マツダスタジアムはわりとアメリカに近いが、甲子園の黒土は掘れやすくなっていて、フィールディングが厄介なのだ。しかも、神戸での経験はみんなほとんどない。

こうした不安もあり、本来は守備練習を取り入れても良かったのだが、選手たちは緊張感のある試合が5試合続いたこともあり、あまりにも疲れていた。特に主力の選手たちは休養に当てたいというのが本音のようだった。

様々な要素を考慮し、主力選手たちは休むことを優先し、監督である自分が6～7人の選手をピックアップして、練習をすることにした。

このとき、僕はこういう判断をしたわけだが、これは例外に近い。基本的には「出来ることは、やっておく」というのが自分の方針だからだ。

たとえば、球団によっては試合前にシートノックをやらないところが増えた。あまり、合理的ではないという判断なのだろう。スワローズとしては、どんな準備であっても、それが良いプレーにつながる可能性があるならば、どんどんやっていこうという考え方をしている。なぜなら、「やらなかった後悔」だけはしたくないからだ。練習したことで自信が芽生え、うまくいく可能性が1パーセントでも高まるならば、最善の努力をして結果を待ちたい。

ただし、あの移動日のときばかりは、選手たちはいろいろな意味で休養が必要だったと思う。フィジカルばかりではない。選手たちはずっと頭を働かせながら3時間を超え、4時間近い試合を戦っていたのだから、頭のなかもリセットした方が良かった気がする。

7戦目以降を見据えてのゲームプラン

選手のコンディションを気にしつつも、僕はコーチたちと第6戦、そして場合によっては第7戦をどう戦っていくかを考えていた。

第6戦の先発は高梨裕稔。高梨がゲームを作ってくれれば、その後はブルペンでの総力戦を想定していた。なぜなら、第7戦になった場合でも、「奥川―高橋」のリレーで絶対に勝つつもりでいたからだ。

第５戦で決勝弾を許したマクガフについては、コンディション、メンタルを心配する声も聞かれた。それでも、僕は「スコットなら、絶対大丈夫」と思っていた。

このシリーズ、マクガフはローラーコースターに乗っているような経験をしていたと思う。日本シリーズで投げるのは、いろいろな思いが交錯する。僕が現役のときは、長いシーズンを戦った後で体力的にはかなり消耗しているものの、「あと１週間、あと７試合で終われる」と思ってマウンドに上がっていた。１日ずつ完全燃焼して、それを４つ重ねる。王手を掛けた後の試合では、「終わる」という思いを特に強くしていた。

だから、クローザーなのに２イニング投げ、３イニング投げ、それこそ60球くらい投げた後に中１日で登板したこともある。その理由は「日本シリーズだから」というしかない。投げるしかない。

日本シリーズは、レギュラーシーズンのセオリーは当てはまらない。

たとえば、２０１３年の日本シリーズではイーグルスの星野仙一監督が田中将大投手を最後の最後、リリーフとしてマウンドに送った。レギュラーシーズンではあり得ないことだが、勝つためには手段を選ばず、なりふり構わず勝ちに行くのが日本シリーズだ。２０１３年のときは、「田中で優勝する」という星野さんの強固な意志が田中投手に伝わり、それが感動的な日本一につながったのだと思う。

もちろん、僕もプランのなかであらゆる手段を尽くして勝ちに行くつもりだった。

第6戦　ほっともっとフィールド神戸

見事役割を果たした高梨

第6戦のことで真っ先に思い出すのは、とにかく寒かったということだ。ストーブにあたらないと、寒くて寒くて耐えられそうになかった。

正直、野球をする環境ではなかった。ところが、そんなハードな環境にもかかわらず、バファローズの山本由伸投手はドミネート——圧巻の投球をしてきた。

ダグアウトで見ている限りでは、第1戦よりも投球内容は充実していた。ちょっと考えてみて欲しい。これはとんでもないことだった。環境としては、第1戦の方が普段試合をしている京セラドームで慣れているだろうし、それに比べて第6戦は寒い屋外でのマウンドだ。微妙なコントロールに狂いが出てもおかしくないはずだが、こちらの中軸に打順が回ってくると、ギアを上げて、三振を狙ってくる。

２回は村上、サンタナ、中村が三者三振。３回にオスナの二塁打でチャンスを作ったが、続く宮本の場面でバントのサインを出したときにミスが起き、オスナがアウトに。エース相手にミスが出てしまっては点にはつながらない。こういうミスを避けるためにキャンプから練習を重ねているのだが……。痛いところでミスが出た。

それでも5回に、またまたオスナがヒットで出塁すると、今度は宮本がしっかりと送って得点圏にランナーを進めた。二死後、１番にかえって塩見がレフト前にヒットを放つ。ランナーがオスナとあって際どいタイミングとなったが、それでもゴー。そして、セーフ。待望の先制点をあげることが出来た。山本投手相手の先制点は、本当にうれしかった。

が、５回裏にバファローズに同点にされたところで、僕は先発の高梨に代えてスアレスをマウンドに送った。

高梨には相手のエースと投げ合い、投げられるところまで投げてもらい、後は「ブルペンゲーム」にもち込むつもりだった。その意味で、高梨は最高の仕事をしてくれた。僕としては同点に追いつかれたものの、５回を終わった段階ではプラン通りの試合が出来ていると感じていた。

山本投手のすごみ

ところが、相手をブルペンゲームに引きずりこむことが出来なかった。山本投手が尻上がりに調子を上げてきたからだ。

6回など、山田の打球を三塁の宗選手がエラー、続いて村上が打ったゴロを、ダブルプレーを焦った遊撃手の紅林選手がエラーして、スワローズは無死一・二塁の大チャンスを作った。

若い選手の連続エラーが出た。こうなったらスワローズとしては一気に流れを引き寄せたい。いや、試合を決めたい。ところが、ここでの山本投手は敵ながら天晴れだった。続くオスナが二塁ゴロゲッツー、中村がショートゴロ。俺が抑えてみせるという気迫が伝わってきた。

このパフォーマンスはすごい。野手のエラー、ミスをエースが帳消しにしたのだ。向こうのダグアウトは、当然盛り上がる。

こうなると、相手に流れが傾きがちになるのだが、6回裏の3番吉田正選手から始まった攻撃を、杉本選手のセンター前ヒット1本に抑えたスアレスの投球を評価したい。スアレスは7回も三者凡退で満点の仕事をして、試合の均衡は保たれた。

驚いたのは8回表だった。この回は山田からの攻撃で、スワローズとしてはなんとか1点をもぎ取りたい局面だった。山田、村上、サンタナの並びなら、誰かにホームランが出ることだってある。ところが、山本投手はスワローズのクリーンアップを三者三振。この流れは9回も続き、三者凡退に抑えられた。

山本投手は9回141球を投げ切ったのだ。素晴らしい投球だった。とはいえ、ダグアウトで感心してばかりはいられない。早いところブルペンの戦いにもち込みたかっただけに、山本投手に9回まで投げさせてしまった、という感覚があった。

ただ、見過ごされがちなのだが、この日のスワローズのブルペンも素晴らしい働きをしてくれた。高梨が5回途中まで投げた後、スアレス、8回からは清水が2イニングを投げ、9回を終わって失点を1に抑えられた。スワローズの投手陣は、ここまで満点の仕事をしてくれた。

2021年シーズン初の延長戦突入

ついに、延長戦に入った。2021年シーズン、これが初めての延長戦である。これには戸惑った。久しく延長戦を戦っておらず、頭を切り替える必要があった。

最後は総力戦、選手層の厚さの戦いだ。10回、11回、12回と残り3イニングあると想定して、投手をどうマネージメントしていくか。ブルペンには田口、石山、そしてマクガフが残っていた。

この試合で実感したのは、スアレスと田口のふたりをブルペンに回したのは大正解だったということだ。先発から転向し、長いイニングを投げられるふたりがブルペンにいることは、延長戦のある日本シリーズにおいて大きな強みになっていた。

一方で、バファローズのブルペンに残っている投手を見ると、相手方も豊富な駒を揃えていた。山本投手が9イニングを投げたことで、クローザーの平野佳寿投手だけでなく、セットアッパーの吉田凌投手やサイドスローの比嘉投手も残っている。さらには左の能見投手、富山投手もいる。

「おいおい……」と思った。このブルペンは駒が豊富というだけでなく、ちょっとずつタイプが違い、スワローズとすればかなり厄介だ。相手にこれだけ駒が揃っていると、考えることが増えるのだ。代打を使っていくにしても、「川端を出したら、こう来るかな?」とか、あらゆる可能性を考えなければいけなかった。

マクガフの思い

延長に入ってからは、スワローズの方に得点機があった。10回は青木が二死から二塁打。11回も二死から中村がヒット。が、得点には結びつけられない。

スワローズのブルペンはいい仕事をしてくれた。10回は宗選手、吉田正選手を迎えるところで田口を投入。気持ちのこもった投球で二死を取った後、杉本選手のところで迷わずマクガフをマウンドに送った。とにかく悔いの残らないよう、「いい投手」をどんどんつぎ込んでいく。

マクガフは杉本選手を三振に取り、続く11回もT－岡田選手をレフトフライ、頓宮《とんぐう》、紅林両選手を連続三振に切って取った。マクガフも気持ちのこもった投球を見せてくれていた。

同点のまま11回を終えた時点で、マクガフには「ここで交代するよ。お疲れさん」と伝えた。すでにブルペンでは石山がウォームアップを終えていた。

ところが、マクガフが通訳を通して、こう言ってきたのだ。

「ちょっと待ってくれ。俺は今日が最後だから、最後まで投げさせてくれ」

続投を志願してきたのだ。驚いた。熱かった。僕としては、マクガフの気持ちを受け止めたかった。

「分かった。12回裏もマウンドに上がってくれ。頼んだ。ただ、その先の交代のタイミングはこっちに任せて欲しい」

その先とは、アウトをひとつ取ったところで代えるかもしれないし、ランナーを出したタイミングで代えるかもしれないということだ。マクガフは「分かった」と言って、12回裏に向けて準備を始めた。

第8戦も見据えての先発

12回表を迎える時点で、僕はいろいろな可能性を頭のなかでめぐらせていた。

まず、神戸に移動する時点で、第7戦にもつれ込んだ場合の先発は奥川と決めていた。奥川が5回まで投げ、残り4回を高橋奎二に託す。シーズン終盤に勢いが出てきたふたりの投手で日本一を取りに行くつもりだった。

「厄介だな」と思っていたのは、いま戦っている試合、第6戦が引き分けになることだった。そうなると、第7戦だけでなく、第8戦のことも含めて考えざるを得なくなるからだ。

試合はどう転ぶか分からないが、仮に引き分けになった場合、「さすがに明日、奥川と高橋のふたりを投げさせるわけにはいかない」と思い始めていた。第7戦は奥川のままで行き、第8戦の先発に高橋を温存しておいた方がいい。そう頭は切り替わりつつあった。

おかしなルール

もうひとつ困ったことにも考えが及んでいた。それは第8戦になった場合、相手のホームである京セラドームで、スワローズの先攻、バファローズの後攻で試合が行われることになっていたのだ。

監督会議のとき、僕は事務局に「このルールはおかしい」とハッキリ言った。移動の手間、負担を考えれば、第7戦の翌日に京セラドームで試合をするのは理解できる。ただし、スワローズが先攻になるのは納得出来なかった。なぜなら、日本シリーズは条件が「イーブン」になるように調整するものだからだ。

奇数年の場合、1、2、6、7戦はパ・リーグ出場チームの本拠地で戦い、3、4、5戦はセ・リーグ出場チームのホームグラウンドで行う。偶数年はその逆になる。年をまたいで条件を同等にしているのだ。だとしたら、第8戦は、後攻の機会を「4試合対4試合」にするのが正しい。同等の条件で戦うのが「筋」というものだ。

ところが、事務局の回答は「昔からこうなっていますから」というものだった。前年まではそうだったかもしれないが、このルールは見直すべきだ。

これまで日本シリーズで第8戦が行われたのは、1986年のカープ対ライオンズの1回だけだ。ひょっとしたら、これまで「8戦までは行かないだろう」と考えていた監督が多かったのではないか？

今回、僕はその当事者になろうとしていた。監督会議でもう少し粘るべきだったか……。いずれにせよ、第8戦にもつれ込んだ場合は、スワローズ先攻となり、条件的には不利になってしまう。

そうした要素も含めると、いまのこの試合、白黒をはっきりつけたい。もちろん勝てば優勝だが、負けても3勝3敗で第7戦を迎え、勝つか負けるかの大勝負に挑んだ方が戦いやすい。第8戦があるかも……という考えが頭の片隅にあると、投手の起用法が難しくなってしまう。

12回表2アウト、代打川端

そんなことを考えているうちに、12回表も2アウトを取られてしまった。スワローズとしては、第6戦の勝利はない可能性が高まった。

ところが……ここから試合が動いた。

　バファローズは12回から左の富山投手がマウンドに上がっていたが、二死になり、打席に塩見を迎えたところで、投球のほとんどがスライダーの吉田凌投手にスイッチしてきた。

　すると、塩見がレフト前ヒットで出塁した。2番には青木に代わって渡邉が入っていたが、ここは最善手を打った。代打に川端だ。

　このシリーズ、実は川端の使いどころがなかなか訪れなかった。第5戦に一度代打で起用したが、レギュラーシーズンや、クライマックスシリーズのジャイアンツとの第2戦のような、「ここは川端」というチャンスがなかった。

　シリーズが始まる前、指名打者に川端を考えないでもなかった。しかし、どうもしっくりこない。やはり、勝敗の帰趨《きすう》がかかったしびれる場面で川端を打席に立たせたい。その方が勝つチャンスが広がるのではないか。

　12回表、青木がすでに退いていることもあって、ようやく川端を出す機会がやってきた。しかも、意外なところでチャンスが広がった。カウント2—2からの5球目、吉田凌投手のスライダーがパスボールとなり、塩見が二塁に進塁した。

来た。ダグアウトが沸く。

ダグアウトのみんなには、何かの「予感」があったのではないか。

二死二塁の場面となって、当然のことながらバファローズの外野陣は前進守備の隊形を取る。いくら塩見といえども、ヒットで帰ってくるのは難しいかもしれないが、二死フルカウントとなったこの場面では、投球がストライクだと思った瞬間にスタートだ。


それにしても、シーソーゲームとはこのイニングのことを指すのだろう。二死を取られた時点で、スワローズが勝つ確率は限りなくゼロに近かった。ところが塩見が二塁に進んだ時点で確率がグンと上がっただけでなく、打席に川端がいることで、さらに得点確率が上がった。僕としては、相手投手の右左に関係なく、川端に託せるのは楽だった。最善手だと分かっていたからだ。

しかし、試合に見入っているばかりではなく、頭のなかはフル回転していた。もしも川端がランナーに出たら、誰かを代走に送らなければならない。お、まだ坂口が残っているから彼を出そう——などと考えているのだが、試合が切迫していて、思考が追いつかない。何か、「試合」という大きな物語のなかに、自分が飲み込まれたような感覚があった。

決勝点

そして７球目。内角高目にスライダーが来た。川端が打つ。打球は詰まりながらレフト方向へ飛んでいく。三塁側ダグアウトで見ていると、ショートの頭をわずかに超え、前進守備のレフトにも取れない絶妙のところに飛んだのが分かった。

塩見、ゴーだ！　三塁ベースコーチの福地もためらわず右腕をグルグル回している。塩見は速い。これは行ける！　ボールが返ってくるが、球審の両腕が左右、水平に大きく開かれた。

セーフだ！

これは偶然が起こした奇跡としか思えなかった。川端の打球は「そこに落ちなければ二塁走者は帰ってこられない」ところに落ちた。もしも、川端が会心の一撃でヒットを打っていたら、いくら塩見でも帰ってくることは不可能だっただろう。

打球の強さ、角度、落ちた位置、ランナーの足、三塁コーチの判断、すべてが重なっての決勝点だった。あの場面、スワローズにとってはすべてが１００点だったのだ。どれひとつ欠けても点には結びついてはいない。

それにしても、外野が極端な前進守備を敷くなかで、小フライをレフト前に落とす技術とは、いったいなんなのか？　どうやったらあそこに落とせるのか、打撃コーチ陣も感嘆していたほどだ。川端の技術、執念、そしてケガをして復帰してからの思い、そんなものがすべて絡み合ってのタイムリーじゃないか？　ダグアウトは歓喜に沸いた。

20年ぶりの日本一へ

その後、山田が倒れて12回表が終わったが、僕はポカンとしていた。

「あれ、12回裏抑えたら、優勝じゃん」

2アウトを取られた時点で、引き分けが最善だと思っていただけに、不意打ちをくらったような感じだった。一瞬、よっしゃと思ったが、ちょっと待てよという考えがすぐに浮かぶ。もし追いつかれて3勝2敗1分になったら明日の試合がある。明日の試合に負けたら明後日にも試合がある。でも、さすがに9戦目はないだろう――ということまで考えた。が、12回裏のマウンドにマクガフが上がる時点では、このイニングをどう抑えるかに頭を集中させようと思った。

実は、12回のマクガフについては心配していなかった。なぜか、「これは抑えられる」という予感が働いたのだ。先頭の伏見選手を三振に取った後、山足選手に死球を与えたときは、交代のタイミングだったかもしれない。しかし、いまのマクガフの集中力ならば任せられる。予感も後押ししていた。

先頭に返って福田選手をセンターフライ。あと、アウトひとつ。

宗選手が打席に入った。あとひとり、あとひとりを抑えれば、20年ぶりの日本一だ。３球目、最後は二塁に打球が飛び、キャプテンの山田が、足がもつれそうになりながらも、矢のような送球でアウトにした。

その瞬間、ダグアウトから選手たちが飛び出した。

試合時間はちょうど5時間。寒くて、寒くてしんどかったが、長くは感じなかった。緊張を強いられたけれど、アッという間に時間が経っていった。

選手たちが作った輪のなかに進んでいくと、驚いたことに、みな泣いていた。

青木宣親。山田哲人に村上宗隆、川端慎吾。

石川雅規、そして中村悠平も泣いていた。

付き合いの長い青木の涙を見たら、こっちまで泣きそうになったので、伏し目がちにしていた。

どれだけ、みんな苦しんだんだろう。本当に勝てて良かった。つらかったからこそ、流せる涙もある。

泣きじゃくっている選手たちを前にして、最初に出てきた言葉は「おめでとう」だった。僕としては、とにかく選手たちを讃えたかった。なぜなら、日本一を獲ったのは選手たち自身だからだ。お前らすごいよ、本当によくやったよという気持ちでいっぱいだった。

セレモニー、そしてビールかけがあり、優勝会見が始まったのは、午前２時ごろだった。もう、新聞の朝刊に間に合わないタイミングで、記者の人たちも苦労しただろう。

すべてが終わり、ベッドに入ったのは午前４時ごろだったと思う。

僕の体、そして頭のなかはまだ興奮状態で、なかなか寝つけなかった（二軍監督になって以来、極端に眠れなくなっている）。朝方に寝ることになってしまったので、ホテルのチェックアウトの時間を遅らせてもらい、その日の午後の新幹線で東京に戻ることにした。

後で、面白いことを耳にした。選手たちも興奮のあまり寝つけず、結局、起きたまま朝を迎え、始発の新幹線で帰京する選手が複数いたというのだ。

日本一になった翌朝、新幹線のホームでチームメイトと会う。

なかなかいい朝だと思う。

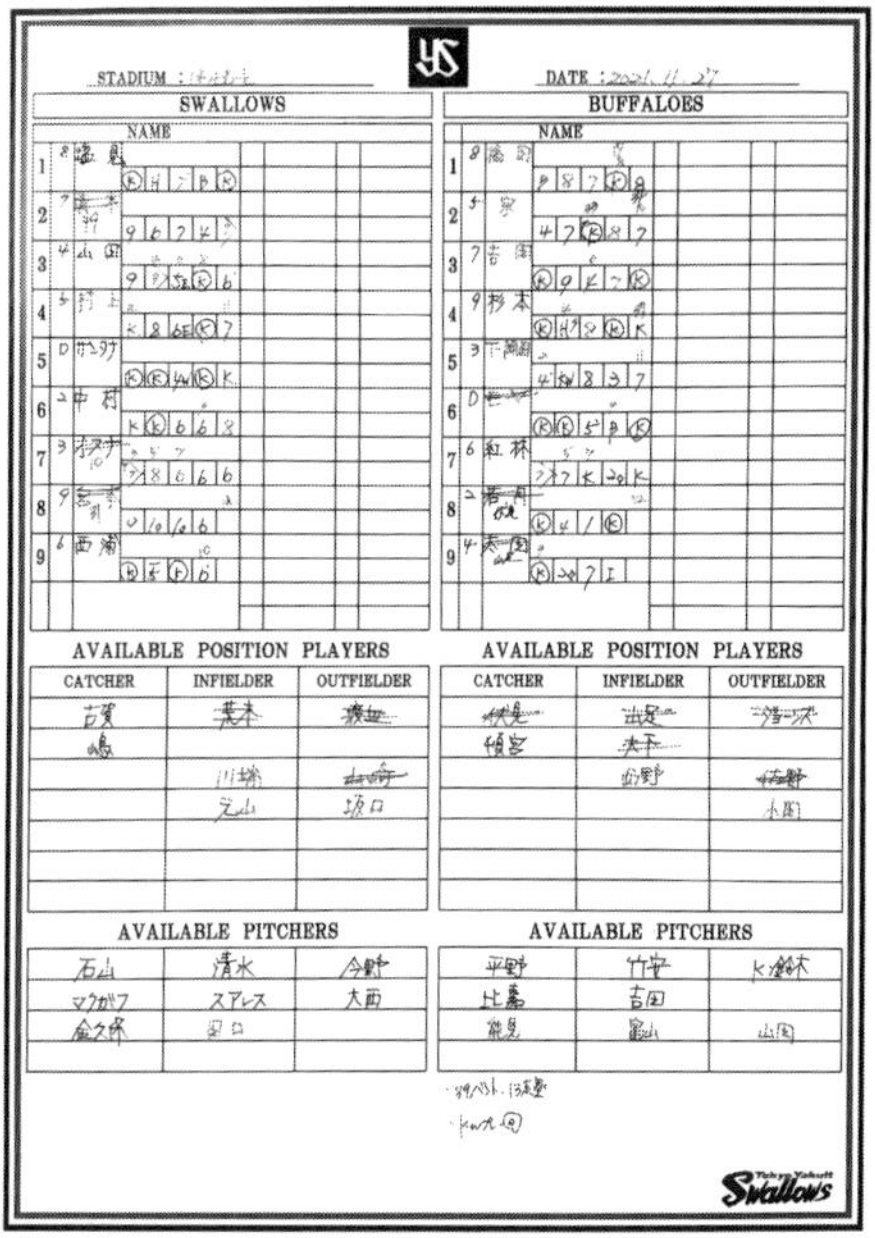

第６戦の試合中に僕が書いていたスコアカード。12回は書けていない

第4章　2021年を戦い終えて

ひたすら眠る

日本一になったのが土曜日。東京に帰ったのが日曜。では、月曜から何をしたかというと、ひたすら自宅のベッドで寝ていた。本当に動けないし、動く気力も湧いてこなかった。

実は、シーズン中は眠りが浅いのが悩みである。試合が終わってから帰宅し、わりと早く眠りには落ちる。ストンと。ところが、2時間くらい経つと目が覚めてしまうのだ。「またか……」と思いつつまどろんでいると、また眠れることは眠れる。そしてまた2時間くらいで目が覚め、そこからもう1時間ほど眠る。トータルで5時間近くは眠っているとは思うが、起きては眠り、眠っては起きるということを繰り返し、ぐっすり眠れたと感じられるのは、シーズン中は数えるほどしかない。

理由は分からない。現役時代は8時間ぐっすり眠れていたのに、二軍監督になった途端に睡眠が浅くなった。二軍はデーゲーム中心のため、自然と朝起きる時間が早くなるので、生活リズムが変わったためだろうか？　と考えたこともあったが、一軍の監督になり、ナイトゲーム中心の生活に戻ったのにぐっすり眠れない。

監督という職業がそれだけストレスフルなものだからか、神経が高ぶっているからか、それとも歳を取ったからなのか？　はっきりした原因は分からないが、たしかに考えるべきことは多いし、心配事も多々ある。それを頭から払うことが出来ないまま、ベッドに横たわってしまっているのかもしれない。

日本シリーズの最中もそんなこんなで眠りは浅かったのだが、不思議と疲れはまったく感じなかった。シリーズが終わった途端に疲れがドッと出てきて、何もしたくなくなる。日本シリーズに関わって６度目だが、こうした状態になったのは初めてだった。

肉体的には現役時代の方が疲れていたとは思うが、精神的には監督としてスワローズのユニフォームを着た２０２１年がもっとも疲れた。張り詰めていたものがなくなると、人間、こうなってしまうのだろうかと体調の変化に驚いていた。

一軍監督になってからは、体重も減った。２０２０年、監督１年目は体重に目立った変化は表れなかったが、日本一になった２０２１年は、日本シリーズが終わったところで、なんと開幕から体重が４～５キロも減っていた。たしかに、夏場以降はあまりごはんが食べられなくなっていて、家族からも「ちょっと痩せたんじゃない？」と言われたほどだった。毎日顔を合わせている家族がそう言うのだから、きっとそうなんだろうと感じていた。眠れなかったことも影響しているのかもしれないが、シーズンを通して精神的に張り詰めていたからだと感じたりもした。

つまりは、激務なのだろう。そう感じたことはないけれど。日本シリーズが終わってからの1週間は、体調を整える期間だったのかもしれない。ようやくベッドから起き上がれるようになると、2021年のことを振り返る余裕が出来た。

勝つことによる高揚感

新しいチームをプランニングするにあたっては、やはり前年度のチームがベースとなる。2021年、これはもう日本一になったのだから、「100点」のシーズンだ。もちろん、もっとチームを整備できるエリアはあったが、勝負の世界、勝てば100点満点である。日本シリーズに関しては、僕自身は選手として4度、日本シリーズに出場した。そしてコーチとしても2015年に一度日本シリーズに臨み、そうした経験があったことで、シリーズ独特の雰囲気や戦いのスタイルが体のなかに残っていることを感じた。思えば、現役時代から貴重な経験をさせてもらっていたのである。

そして監督となって初めての日本シリーズに臨む前、強がりも含めてだが、「負けない。

絶対大丈夫」と思っていた。なんの根拠もない。それでも、僕らは強くなっているという自信をもって臨めたことが大きかった。

メディアの人たちが、２年連続の最下位から優勝したチームに何が起きたのか、その理由を知りたいと思うのは自然なことだ。

１年目で改革出来たことは、ほんのひとつかふたつだけだったと書いたが、２年目に日本一になったとはいえ、テーマとして掲げていたことが出来たのは、やはり、ひとつかふたつだけだった。一方で、完成には至らないまでも変化が起きたエリアはたくさんあった。この上積みが大きく、わずか数パーセントの向上が掛け合わされることで、チーム力が高まったのは間違いなかった。

技術的なものの向上には時間がかかるが、ひとつ確信をもって言えるのは、勝つことによる高揚感を選手たちが味わうようになったことだ。僕は２０２１年のスワローズを高校野球の公立校によくたとえたが、弱いチームが地方大会の１回戦から勝ち上がっていき、あれよあれよという間に甲子園の準決勝、決勝にまで行ってしまったという感覚だった。

それは、開幕カードでタイガースに3連敗したことで、「このままでは戦えない」とチーム全体が危機感を覚え、シーズン中にも強くなっていこうという向上心を共有出来たことが大きい。

次のベイスターズ３連戦ではコロナ禍によるピンチを迎えたが、「青木さん、内川さん、川端さんが戻ってくるまで耐える」という思いを選手たちが共有し、戦う姿勢になってくれたのは大きかった。そうしたマインドを作れたのは、キャンプの時点からいい雰囲気で練習が出来ていたからだと思う。

そして交流戦で「２０１０年代の覇者」であるホークスを３タテ出来たことで、選手たちは勝つことの高揚感――本当に強い相手に勝つ快感を味わったはずだ。強い相手に勝てば勝つほど、野球は面白いのだ。

そうやって夏場に入り、「俺たちうまくなってる」「これは行けるかもしれない」「タイガースにも、ジャイアンツにも勝てる」という雰囲気が高まっていった。

実際に、交流戦前後のタイガースとジャイアンツとの対戦成績を調べてみると、その違いが明白になる。

【交流戦前】

対タイガース　１勝７敗１分け

対ジャイアンツ　2勝4敗1分け

【交流戦後】
対タイガース　7勝6敗3分け
対ジャイアンツ　9勝7敗2分け

こう見ると、だいぶ成績が違う。開幕から2カ月ほどは上位2球団に対して苦手意識が拭えなかったが、ホークスに勝ったことで自信が芽生えた。ただ、その後もジャイアンツに連敗したりして、妙な形で調子に乗ることはなく、謙虚にチーム力をアップさせることが出来た。そして9月に入り、タイガース、ジャイアンツに勝つことで、選手たちはさらなる高揚感を味わい、それが自信を深めていった。

バッテリー力の向上

夏場にはペナントレースの趨勢《すうせい》が見えてきて、タイガース、ジャイアンツとの対戦を睨んでローテーションを組み、奥川、高橋奎二のふたりを自信をもってぶつけられたのが大きかった。そこにタイプの違う小川、石川やサイスニードを絡ませ、３連戦のなかで相手の目先を変えられるようになってきた。苦し紛れのローテーションではなく、戦略的な起用が可能になっていたのだ。

こういうふうに書いていると、投手の名前ばかり挙がってくるが、季節が秋を迎えたころ、監督として重点的に取り組んできた「バッテリー力」の向上が確実に実感出来ていた。

２０２１年のチーム防御率は３・48で、前年に比べて１・13も向上した。

ファンのみなさんは、防御率の向上は投手力の向上を意味すると思うだろうが、この数字は、投手の成長はもちろんのこと、捕手の中村悠平の頑張り、成長なくしては達成出来なかった。裏を返せば、ここ数年、チーム防御率がリーグ下位に低迷していたのは、投手の力が不足していたのはもちろん、捕手力もＡクラスには達していなかったといえる。

振り返ってみると、キャンプで古田さんの指導を受けたのは本当に大きかったと思う。古田さんは中村、古賀優大、西田明央らの捕手陣に、マインドセットを変えるように説いてくれた。たとえば、こんな話をしてくれた。

「投手力が弱いとか、いろいろと言われるかもしれないけど、そんなの関係ないよ。スワローズのキャッチャーが、このピッチャーのメンツで優勝まで引っ張っていく。そういう気概をもって試合に臨もうよ」

この言葉には、古田さんの「捕手観」が端的に表れている気がする。どんな投手がマウンドに上がろうとも、捕手のリードでアウトを一つひとつ取っていく。それを27個積み重ねて勝つ。そのために必要なのは、相手打者の研究を怠らず、投手の良さを存分に引き出すこと。また、古田さんは投手が打たれたときは、捕手の責任だと引き受ける勇気、男気も併せもっていた。

この言葉に、中村は反応してくれた。マインドセットが変わって捕手としての表現力が出てきた。

僕の根本的な戦い方は、中盤で競った展開になったら、その試合は絶対に勝ち切るというものだ。たとえ１点を許したとしても、追加点は許さない。負けるにしても、簡単には負けない。とにかく粘る。

中村は、粘ってくれた。そして、我慢してくれた。相手がファウルで粘ってきても、根負けせずに相手の嫌なコースを突く「嫌なキャッチャー」になった。投手が思ったような投球が出来ないことがあっても（特に立ち上がりなど）、根気よく立ち直るまで付き合った。

中村は古田さんのスピリットを自分なりに消化し、表現出来るようになったのだと思う。

シーズンが深まるにつれ、タイガースとジャイアンツに勝ち越していく過程で、中村も大いに自信を深めていたはずだ。

ムーチョは——中村のニックネームだ——名実ともにスワローズの「扇の要」となり、投手陣にとって頼れる「女房役」になってくれた。それが2021年のスワローズを支えてくれた。日本シリーズMVPも当然の働きぶりである。

規定投球回数に達した投手がゼロでも勝てた理由

捕手の成長があってこそ、投手陣の成長も促される。2021年の投手陣は、先発、ブルペンともに戦力的に大幅にアップした（ただし、理想形、完成形とは程遠いとは書いておく）。

まず、先発陣のことを見ていくと、2021年で注目を集めたのは、日本一のチームでありながら規定投球回数（143回）に達した投手がおらず、さらにはチーム内の最多勝が小川と奥川の9勝ずつだったことだ。

ふたりに続くのはサイスニードの6勝、そして「4勝グループ」が金久保優斗、石川雅規、高橋奎二、高梨裕稔の4人で、原樹理が3勝だった。

小川と奥川を除く６人については、シーズンを通して活躍は出来なかったけれど、序盤戦の苦しい時期をもちこたえてくれたり、シーズン途中からローテーションに加わり、ゲームをしっかりと作ってくれたことが大きかった。その結果として、10勝に到達した先発投手がいなかったということだ。

投球回数でもっとも投げたのは小川で、１２８回１／３。小川はコロナウイルス感染で離脱した時期があったので、シーズンを通して投げていれば１４３回は行っていたと思う。

また、開幕時は先発ローテーションに入っていた田口麗斗とスアレスのふたりが途中からブルペンに回ったことで、投球回数が伸びなかったことも影響している。左投手が不足しているのは、スワローズのウィークポイントとして明白だが、トレードで田口を獲得し、彼がジャイアンツ時代にブルペンの経験があったことも考慮し、途中からリリーバーとして活躍してくれたのは大きかった。投手陣に幅をもたせることが出来たのだ。

結果的に先発で２番目に多く投げたのは奥川で、１０５回。奥川は中10日を基本にしていたが、このプランのなかでしっかりと仕事をしてくれた。

ローテーションの基本的な考え方

なかには「６人にとどまらず、７人以上の先発投手陣を用意するスワローズのローテーションの考え方が、新時代の潮流になるのでは？」と評価してくださる方もいる。先発の駒を増やして戦っていくという新しい戦い方があるのでは？　という考え方だ。

たしかに２０２１年の先発起用法は目新しく見えたかもしれない。このローテーションは、高卒２年目の奥川にシーズンを通して活躍してもらうためにはどうしたらいいか、ということをきっかけに考えられたプランだ。もうひとり、高橋も通常の中６日以上の間隔を空けた方が、いいパフォーマンスを発揮出来るという判断をしたことで、中７日以上の先発投手が２枚になったのだ。

シーズン後半のローテーションを考えるときは、カレンダーとにらめっこした。タイガース戦とジャイアンツ戦はいつか。ふたりが投げる日を設定しながら、ベテランの石川、小川については中６日でローテーションを守ってもらった。

ある意味、パッチワークのようなローテーションであり、中６日と中10日の投手を組み合わせるのは、なかなか骨が折れる作業だ。ベテラン勢の理解も必要である。その意味で、石川や小川はチームの方針をよく飲み込んでくれたと思う。感謝だ。

スワローズとしては今後、奥川や高橋級の高卒投手が入団してきた場合、同じようなストーリーで育成していくことになると思う。中10日で投げる投手が今後も出てくる可能性は高い。

ただし、僕個人の考え方として、本当に強いチームを作りたいならば、基本的には信頼出来る６人の先発投手で１年間回していった方が良い。奥川、高橋がフィジカル的にも成長していけば、数年後には、そうした理想のローテーションを作ることが可能になるはずだ。

なぜ、そういう考えをもっているかというと、メジャーリーグに前例があるからだ。

僕がホワイトソックスに入団したのは２００４年のことだったが、メジャーリーグへの移籍を考えるようになってから、よく午前中のテレビ中継を見ていた。２００３年に驚いたのは、レギュラーシーズン１６２試合を５人の先発投手で完走した球団があったことだ。

イチローがプレーしていたシアトル・マリナーズである。

この年、マリナーズはフロントエースのフレディ・ガルシア、軟投派のベテラン、ジェイミー・モイヤー、そしてジョエル・ピネイロ、ギル・メッシュ、ライアン・フランクリンの５人が一度もローテーションを休むことなく投げ続け、ポストシーズンに進出は出来なかったものの、93勝をあげた。先発5人、20勝のモイヤーを筆頭に全員が2ケタ勝利をマークしていた。

これは、すごいことだ。監督の立場からすれば、こういうローテーションを作れたらチームは絶対に安定するだろうなと思う。

中4日・中5日ローテの可能性

現在、日本のプロ野球界では6人の先発投手のローテーションを組み、中6日で登板するのがスタンダードになっている。

興味深かったのは、2021年のシーズンにジャイアンツが中4日・中5日でローテーションを回し始めたことだった。これは作戦のひとつとして将来的に検討すべきではないか？と感じた。

なぜなら、信頼出来る投手を5人揃え、彼らがシーズンを通して安定的なパフォーマンスを発揮してくれるなら、その方が勝つ確率は増えるからだ。

たとえば、現状では火曜日にエースが先発すると、日曜日は力が劣る6番手の投手がマウンドに上がることになる。このタイミングで中4日でエースが投げられれば、勝つ可能性は飛躍的に上昇する。しかも、先発を６人から５人に減らせれば、ひとり分ブルペンに余裕が出来るので、リリーフ陣に厚みをもたせられる。

ただし、スワローズで実行するとなると、それなりの準備期間が必要だと思う。

球団として、先発投手の疲労回復、休養をどう考えるのか方針を定め、「今年はこの５人のローテーションで回していきます」とキャンプの前から選手たちに告げる。そのうえで調整方法を意識してもらい、オープン戦の終盤からは中５日で投げていく。このローテーションをうまく回すためには、ひとりだけが中５日で投げても意味がない。全体で中５日を守れるようにしていくのが重要で、それには時間が必要だということだ。

監督には、現状の戦力を見たときに、どういうローテーションがいいかを判断することが求められる。メンバーによってローテーションは変わる。プロ野球の世界はトレードもあるから、毎年、最適なローテーションも変化していく。

２０２１年、僕は奥川、高橋といったイキのいい投手と、石川、小川といったベテランをうまく組み合わせながら、現状でベストのローテーションが組めたと思っている。

ケガ人をいかに少なくするか

強敵相手にエースクラスをぶつける、あるいは10連戦を8人の投手で回せたということは、ケガ人が少なかったことを意味する。野手に目を転じれば、村上が１４３試合にフル出場、塩見は１４０試合、山田が１３７試合に出場し、捕手も中村と古賀を併用しながら起用し、ふたりがそろって離脱する機会はなかった。

全体を見渡しても、時折、コンディション不良やコロナワクチン接種の副反応で欠場することはあったものの、概《おおむ》ね、選手たちはいい状態でプレーしてくれた。

スワローズにとっては、主力選手にケガ人を出さずにフルメンバーで戦うことが上位に食い込むための絶対条件だった。

強くそう思ったのは、僕が二軍監督を務めていたときに一軍でケガ人が相次ぎ、メンバー編成に四苦八苦しているのが戸田の球場にいても伝わってきたからだ。一軍のケガ人が多くなれば、必然的に二軍にも影響は及び、イースタン・リーグの試合のメンバーを組むのにもひと苦労したことを昨日のことのように思い出す。

ケガ人が出ると監督もたいへんだが、それ以上に選手たちの方がつらい。二軍に調整に来ていた選手たちと話していると、プレーしたいのに出来ない彼らの苦しみが伝わってきた。

スワローズは、ジャイアンツやホークスのように育成枠の選手を豊富に抱えているわけではない。だからこそ、選手の状態を見極めながら起用し、一軍と二軍が連携して戦わなければならない（それでも神宮と戸田が近いのは大きなメリットだ。昼間、二軍戦に出場し、夜に神宮のダグアウトに入ることを「親子ゲーム」と呼ぶが、これが出来るのはスワローズの強みである）。

しかも、2021年はコロナ禍ということもあり、予期せぬ形で選手が2週間も戦列を離れてしまうこともあった。

では、どうすればいいか？

キャンプのときから、選手のコンディションを優先させていく方針を明確に打ち出したのである。

三勤一休

シーズンに向けての調整が頭と体に入っている中堅、ベテランに関しては、ある程度、練習量については任せることにした。考え方としては、彼らはしっかりと休養を取って、体力の回復を優先させる。体力を奪われれば、ケガや新型コロナウイルス感染のリスクが高まると考えたからだ。

その一方で、若手に関しては、ランニングの質や量、バットを振る回数についてはいままでの考え方で構わないとした。やはり、若手はしっかりと追い込まなければならない。

そうした発想から、2021年のキャンプのときからスワローズは「三勤一休」とした。

長らく、プロ野球のキャンプでは「四勤一休」が主流だった。4日練習して、1日休むというスタイルである。いまもこの日程でキャンプをマネージメントしている球団は多い。かつて、落合博満さんがドラゴンズの監督をしていたときは、「六勤一休」で選手たちを鍛えていた。

遠征時の負担を軽くする

コンディションについての考え方は、シーズンに入ってからもブレることはなかった。

シーズンが夏場に差し掛かってくると、遠征がかなりの負担になってくる。

たとえば、木曜までの神宮での3連戦が終わって、金曜から名古屋、大阪、あるいは広島への移動があったとする。選手たちは木曜の深夜近くに帰宅し、翌朝は午前中から新幹線に乗る。車中で寝られるとはいっても、完璧に体を休められるわけではない。その負担を考慮して、移動日なしの試合当日は極力練習をしないようにしたり、夏場の暑い日には練習時間を短くしたりといった工夫を重ねた。

実は、移動で結構たいへんなのが、ベイスターズ戦の翌日に新横浜から広島に移動するケースだ。横浜スタジアムで試合をする場合、選手たちは自宅には帰らず、横浜のホテルに泊まり、翌日の新幹線で4時間かけて移動する。これが結構キツい。5月、6月くらいまでは元気を保てるのだが、夏場にこの移動があるとかなりこたえる。

2021年に関しては、移動の後は必ず練習、といった旧来の発想をいったん見直し、選手のコンディションを整えるのを優先したことが良かったかなとも思う。

そうはいっても、新型コロナウイルスに感染した選手はいたし、それに付随して、濃厚接触者と判定された選手もいた。あるいは序盤にブルペンで大活躍してくれた近藤弘樹が故障で戦列を離れてしまった（もっと彼のコンディションに注意すべきだったと思っている）。

全員が戦力となって戦うために必要なことは、これからも考え続けなくてはならない。

先発投手の調整法

僕は、野球が好きだが、野球以外の時間も大事だと思っている。プロの世界では野球が仕事だから、試合開始の時間にベストの状態で臨んでもらえればいい。

これは『二軍監督の仕事』でも書いたことだが、一軍の投手コーチを務めていた時代、先発投手には「昼から来る必要ないからね。6時のプレーボールに合わせてもらえれば、調整法は任せるから」と話しておいた。その考えは、いまも変わらない。

ただし、それを強制するつもりはさらさらなく、本人次第だ。

たとえば、石川は先発登板の日の12時くらいには神宮に来る。そして自転車を漕いだり、お風呂に入ったり、キャッチボールをして休んだりして、また5時くらいから動き出し、5時半にキャッチボールをして、プレーボールに合わせる。彼ほどのベテランになると、20年近くやってきたルーティーンを崩す方が難しいし、石川曰く「変える勇気がありません」。

最年長の石川がこういうルーティーンなので、他の投手への影響も当然ある。

2年目の奥川も早めに球場にやってきて準備をするタイプのようだ。後で詳しく書きたいが、いまの若手は試合以外で投げすぎている印象がある。自分の感触を確かめたいのかもしれないが、プロ野球選手として長く活躍したいのなら、そのあたりの消耗も考えていかなければならない。奥川も、そのうち自分なりの調整法を発見するだろう。

一方で、外国人投手は夕方まで家で過ごしてから球場にやってくる。僕はそれでいいと思っている。選手は練習でお金をもらっているわけではないからだ。試合でプロの技術をファンの方に見せ、結果を出すことが仕事なのである。

つながる打線

打撃に関しては、どうだったか。

正直に書くと、僕はバッティングに関しては素人だ。二軍監督時代から、コーチたちに知らないことをどんどん質問して、勉強している最中だ。なんだ、プロの監督なのに頼りないな……と思われるかもしれないが、事実だから仕方がない。

ただし、打撃スタッツ、数字を見るのは好きだ。スタッツを見ていると、試合では気づかないものが浮かび上がってくることがあり、その疑問をコーチたちにぶつけたりする。

２０２１年のスワローズは、投手陣と同様に打撃スタッツも大幅に向上した。得点を演出するのに欠かせない出塁率は、２０２０年の・３２１から・３３３へと改善した（リーグ１位）。

出塁率を重視してチーム作りを進めたオークランド・アスレチックスのことを書いた『マネーボール』が出版されてから、もう20年近くになるが、いまも出塁率は重要な指標である。打率と出塁率、どちらが大切かと問われれば、僕はトータル的には出塁率の方が重要だと思う。２シーズン戦ってみて、出塁率が得点に直結することを実感した。

ただし、チームとして「四球を取っていきましょう」といった具体的な指示はまったくしていない。それよりも「つないでいこう」「次に回していこう」といった、抽象的ではあるが、「つなぎ」を意識した声がダグアウトの選手たちからよく出るようになった。

これは明確に、２０２１年に改良された点だ。こうした声が出ることによって、選手たちの選球眼が良くなっている気がする。

もちろん、コーチたちから、カウントによる相手バッテリーの配球の傾向や、決め球といった情報は与えられる。このあたりのこだわりは、まさに野村監督からの遺伝子を引き継いだ「スワローズ・ウェイ」だと自負している。しかし、それを生かすも殺すも、最後は選手次第だ。

２０２１年は、シーズンが深まるにつれて、選手たちは「簡単にはアウトにはなれない」という思いを強くしていった。「プロでも、そんなものなの?」とツッコミを入れられそうだが、そうした気持ちを徹底すれば、初球から難しいコースの球には手を出さないとか、ボール球は振らないという「規律」に直結していく。

その結果が、出塁率の向上という数字でも証明されていると思う。つまり、チームの雰囲気、ムードといったものが得点力へと変換されていたのだ。

セとパの野球の違いとその対応

日本シリーズで勝ったことで、「セ・リーグとパ・リーグの野球の違いはありましたか?」という質問をよく受ける。一概には言えないが、やはり「ＤＨ制」の野球はまったく違うものだと実感した。

日本シリーズを迎えるにあたり、ＤＨを誰にするかということについて、コーチたちと何度も検討を重ねた。サンタナ、川端、様々なオプションがあったのだが、どうもしっくりこなかった。ジグソーパズルのピースが全部ハマらない感じだった。

たとえば、第１戦ではサンタナをＤＨに入れ、ライトには本来は二塁手の宮本丈《たけし》を起用した。宮本は２回裏の二死一・二塁の場面で若月選手の大飛球をフェンス際で見事に捕球したが、その際に頭部をフェンスにぶつけ、脳震盪のような症状が見られたので、ベンチに下げた。この宮本のファインプレーがなかったら、第１戦の流れは大きくバファローズに傾いていたことだろう。宮本に救われた格好になったが、やはり本職のライトを配置出来ないのは不安でもあった。

よくよく考えてみると、パ・リーグとセ・リーグではチーム作りの発想が違っていて、それはＤＨ制の有無が大きく影響していることに気づいた。もしも、セ・リーグでＤＨ制が採用されていたとしたら、サンタナはＤＨで、ライトには本職の選手を補強していただろう。この差は大きい。つまり、ＤＨ制の導入はゲームのルールが変わるだけでなく、編成方針にも大きく影響するのだ。

２０２２年から、メジャーリーグではこれまで投手が打席に立っていたナショナル・リーグでもＤＨ制を導入する。そうなると日本にも影響が出てきて、セ・リーグでもＤＨ制の導入が本格的に議論されることになるかもしれない。

ただし、日本シリーズを戦った僕としては、「ハイ、来季から導入しますので、各球団ともよろしく」と簡単に物事を運んでもらっては困る。ライトのレギュラーを育てるとなると、これはスカウトを巻き込んでのプランニングになる。本音をいえば少なくとも３年は準備期間が必要ではないか——というのが現場を預かる僕からの意見だ。

編成的な影響とは別に、ＤＨ制は投手のピッチングにも影響を与えているかどうか――これは考えるに値するテーマだ。

交流戦、日本シリーズを戦った印象では、パ・リーグの方にパワーピッチャーが多い。威力のあるストレートでどんどん押してくるイメージだ。

ただし、これはＤＨ制の影響というよりも、球場の問題かもしれない。パ・リーグの球場は比較的広いので、力勝負に行けるのだ。ところが、交流戦で神宮球場で戦うとなると、簡単には真っ直ぐ勝負はしてこない。狭いからだ。神宮に加え、東京ドームは本塁打の出る確率が高く、打者を打ち取るために「配球」が必要になってくる。そのあたりは、セ・リーグの投手の方が慎重である。

「球場ファクター」はとても重要で、広くてフェンスが高いドラゴンズのバンテリンドームでは投手、打者のスタッツは大きく変化する。このあたりを見極めていくのも監督、コーチの仕事である。

いまはビッグデータの時代。これからどんな発見があるのかと思うと、ドキドキする。それをどうやってスワローズの勝利に結びつけていくか、知恵の絞りどころだ。

第5章　スワローズのV戦士たち

ここまでは僕の「２０２１年体験記」のような形で書き進めてきたが、ここからはスワローズの主役たち、選手たちの成長ぶりについて僕が感じていたことを書いてみたい。とにかく彼らには賛辞を贈りたいからだ。

野手編

山田哲人――守備にも正当な評価を

まずは、２０２１年から新しくキャプテンを務めた山田哲人について書きたい。

山田は２０２０年のオフにフリーエージェントの権利を獲得し、いろいろ熟慮してからスワローズと再契約を結んだと思う。そして気持ちを新たに、２０２１年からキャプテンとして自ら手を挙げ、チームを支えてくれた。日本シリーズでは限界、いや極限までプレーしてくれた。

山田といえば3割、30本、30盗塁の「トリプルスリー」が有名だが、打撃コーチたちは、「哲人のバットのヘッドの動きは特別です。ふつう、あの構えからでは速球には間に合わない。ところがスピードとパワーで間に合ってしまうんです」と絶賛する。

僕には打撃の技術的なことは分からないが、山田のスタンドティーの打撃練習（止まっているボールを打つ練習）を見ていると惚れ惚れする。

プロ野球選手といっても技術は千差万別で、青木などは「スタンドで止まっている球を打つよりも、投手が投げる動いている球をミートする方が簡単です」と言う。

山田のスタンドティーは、ものすごく飛ぶ。それこそ、日本シリーズ第5戦で放ったホームランのように外野スタンドまで運んでしまうのだ。山田独特の技術、パワー、スイングスピードが生み出す芸術だ。

そしてもうひとつ、山田について書いておきたいことがある。もっともっと、彼の守備を評価して欲しいのだ。山田の守備を分析していくと、とにかく基本に忠実なのである。

２０１１年にスワローズに入団し、守備を担当していたコーチの三木肇《はじめ》（現・楽天二軍監督）の教えを受けていたが、いまだに若いころに身につけた守備の「型」を崩していない。打撃に関しては、シーズンごとに変化があるが、守備については基本を大切にするから、驚くほど安定している。

さらには、守備範囲が圧倒的に広いということを伝えておきたい。他の選手だったら飛び込んで捕るような打球でも、山田の場合は正面で捕球している。これに気づく人は、なかなかいない。われわれのように毎日、山田のフィールディングを見ているから気づくのだ。

それに加えてスローイングも正確だ。特に、二塁キャンバス寄りの打球を逆シングルで捕球した後、一塁に送球するときの正確性は日本一だと思う。解説者のみなさんには、この山田の技をぜひともファンのみなさんに向けて解説して欲しい。お願いします。

山田の魅力は英語で言うところの「アジリティ（agility）」——機敏さ、敏捷性だが、ゴロのリズムにタイミングを合わせるのも上手だ。

読者のみなさんは覚えておられるだろうか。日本シリーズ第6戦の5回、若月選手のイレギュラーした打球を、山田が体勢を崩しながらも正面に入り処理した場面。リクエストで判定が覆り、結果的に内野安打になったが、彼の守備のうまさがもっともよく出ていたと思う。

また、日本一を決めた最後のアウトは、宗選手の二塁ゴロを山田がさばいたものだが、あのゴロも処理が難しい。バウンドが大きく、勢いが殺されていて、宗選手のスピードを考えると、内野安打になってもおかしくない打球だった。実際、ダグアウトで見ていて、ヒヤッとした。

ところが、山田は２バウンド目でもう正面に入っていた。本能で反応していたのだろうか、これ以上はないというタイミングで捕球していた。このすごさは、プロでないと分からないかもしれない。

それでも、さすがの山田も５時間に及ばんとする耐久戦で疲れ切っており、つまずきながらもなんとか一塁に送球して、最後のアウトを取ってくれた。山田でなければ、もっともっと際どいプレーになっていてもおかしくなかった。あれは、日本一になるために必要だった最後の〝試練〟となるゴロであり、それをキャプテンの山田がさばいたのは、何やら象徴的だった。


山田自身も守備には誇りをもっている。彼からは、「新聞記者のみなさんに、監督からアピールしてくれませんか？　今年はゴールデングラブ賞を目指しますって」と言われており、実際に記者の人たちに話をするのだが、なかなか記事にならない。どうしても、山田の場合は「トリプルスリー」とか、打撃の話題が優先され、守備の話は地味に映るのだろう。

球団が目にしているデータによれば、山田の守備のおかげでかなり失点を防げている。山田の守備には「実」があるのだ。

これまで、誰も反応してくれなかったので、自分から書かせていただきました。ぜひとも、正当な評価をお願いします。

村上宗隆——不動の４番

３番に山田が座り、４番に村上がいる。このふたりがスワローズの「顔」になってくれているのはなんとも頼もしい。

２０１７年のドラフトで、村上は１巡目の２度目の指名で２球団と競合した。競合相手はジャイアンツとイーグルスである。幸い、スワローズは村上を獲得出来たわけだが、彼がいなかったら、２０２１年のシーズンの結果は変わっていたかもしれない。もしも、もしもだ、村上がジャイアンツに入団していたとしたら……考えたくもない。

２０１８年、村上は、僕がちょうど二軍監督に就任したタイミングで入団してきた。入ってきたときからモノが違った。とにかく違った。将来のスワローズの４番に座るのは間違いなく彼であり、二軍ではどんなことがあっても４番からは絶対に外さない起用方針を固めた。

彼の成長プロセスにおいて、スワローズとして成功したことがある。１年目の９月に一軍に昇格させ、「プロ」の雰囲気を味わわせたことだ。

もっとも、このときの昇格では最初の打席でホームランを打っただけで目立った結果は残していないが（この初打席はテレビで見ていたが、めちゃくちゃ興奮し、二軍のコーチ陣とＬＩＮＥで連絡を取りまくった）、わずかでも一軍でプレーすることで、翌年以降のイメージがつかめたのではないかと思う。

2年目からは一軍に定着、もう少し二軍で教えられることもあるかなと思っていたが、村上自身の成長の方が早かった。

２０１９年の成績は、規定打席に達した打者のなかで最下位の打率・２３１だったが、本塁打は36本、しかも出塁率が・３３２と打率から大きくアップしているのは評価ポイントだった。これは打席での〝規律〟がしっかりしていて、四球を選ぶ能力が高いことを示している。三振はリーグトップの１８４個だったが、まさに荒削りの魅力が村上にはあった。

その経験が、僕が監督になった２０２０年に花開く。

3年目になって2ストライクを取られてからの対処法を学び、打率が・３０７へと大幅にアップした。出塁率は・４２７、長打率は・５８５、ふたつのスタッツを足した「ＯＰＳ」

が１・０１２と、「危険な打者」へと化けた。

そして４年目には、初めてとなる本塁打王のタイトルを取った。主な数字を振り返ってみると……

打率	・２７８
本塁打	39本
打点	１１２
四球	１０６
出塁率	・４０８
長打率	・５６６
盗塁	12

本塁打、打点、四球、盗塁はいずれもキャリアハイ。打率は２０２０年と比較すれば下がったが、四球はセ・リーグでトップの数字で、打席での我慢強さ、チームファーストの姿勢を発揮し、他の選手にも大いに影響を与えたと思っている。また、出塁率、長打率はいずれ

もカープの鈴木誠也選手に次いで２番目の数字で、名実ともにリーグを代表する打者へと成長してくれた。

それにしても、この若さでここまでの打者になれた理由はなんだろうか？　二軍時代から彼のことを見ていて、基本的にはメンタルとフィジカルの強さがプロとしての村上を支えていると思っている。

フィジカル的なことでいえば、負荷の高い練習メニューを組んでも少々のことでは音を上げないし、本当は痛いところもあるのだろうが、４番に座って試合に出続けている。２０１９年、２０２０年、２０２１年と全試合出場しているのはスワローズで彼だけだ。

前にも書いたが、僕としては、雨が降ろうが槍が降ろうが、最後まで試合に出続けるのが４番打者だと思っている。まさにチームの大黒柱となる存在であり、彼には出続けられるだけの体力も備わっている。

加えて、メンタル面では相手に向かっていく気持ちが強く、責任感も抜群だ。村上自身も、その責任をしっかりと背負ってプレーしていることで、スワローズに「芯」が出来た。

日本シリーズでは優勝してから号泣していたけれど、それくらいプレッシャーを感じながらも日本一を獲得出来たことで、より大きく成長してくれるはずだ。

これからはもっとマークがきつくなるし、プレッシャーもかかるだろう。そういう厳しい状況になっても、毎日、同じ気持ちでグラウンドに立ち、平常心でプレー出来るかどうかが問われると思う。


技術面では、まだまだ向上の余地がある。本塁打の数はもっと伸びるだろう。そして、2年連続で盗塁を2ケタマークしているのも彼の強みだ。体は大きいが俊敏なのである。

さらには守備も上達中だ。九州学院高時代は捕手だったので、本格的に内野に転向したのは僕が二軍監督をしていた2018年からである。球団としては、将来の4番を担う逸材である以上、守備に負担がかかる捕手よりも、一塁、三塁を守れるスラッガーとして育てていく方針を立てた。

ただ、守らせてみると、正直、危なっかしかった。ルーキーのときは、ファウルフライが上がった場所とはまったく違うところへ追いかけていく。ところが、プロ入り4年目の2021年になると、安心して見ていられるようになったのである。どうしても打撃面での成長が目に留まるだろうが、守備面でも成長が続いている。ファンのみなさんも、村上が総合的にどんな選手になっていくのか、見守って欲しい。

それにしても、村上のご両親は素晴らしいと思う。村上は三兄弟の真ん中だが、とにかくみんな体が大きく、とにかく食べるらしい。だからこそ、フルシーズンで戦える体が出来たのだろう。監督として感謝します。

中村悠平――日本一の立役者

スワローズが日本一になれたのは、バッテリー力の向上、特に中村の捕手としての技量の飛躍が大きいことはすでに書いた。ここでは、どこが変わったのか僕なりの考えを書いてみたい。

中村は、ピッチャーからの信頼度が飛躍的に高まった。あまり詳しくは書けないが、中村にはリード面で「ある傾向」が見られ、このエリアに向上の余地がかなりあった。

変化のきっかけとなったのは、やはり２０２１年のキャンプで、古田さんが臨時コーチに来てくれたことだったと思うが、いくら最上のコーチングを受けたとしても、変わるのは自分自身である。中村は30歳を過ぎて物事を俯瞰的に捉えられるようになり、投手の良さを引き出すリードが出来るようになった。そして「ある傾向」も消えた。ダグアウトからの信頼が増したのは間違いなく、投手陣にとっても同じ思いだろう。

また、相手の走者が塁上にいるときは、自信をもって指示を出しており、ダグアウトから見ても頼もしく映った。

また、打撃面では中村の存在が作戦面で幅をもたせてくれた。「6番中村」が定着した意味は、スワローズにとって大きかった。5番・オスナ、6番・中村、7番・サンタナという並び（オスナとサンタナは調子次第で入れ替わる）は、4月の時点からその並びだったと思われがちだが、この打順に落ちついたのは6月18日の神宮でのドラゴンズ戦からだった。

それまでは中村を2番に入れたり、6番に青木を置いたりして、試行錯誤を繰り返していた。あるいは「オスナ—サンタナ」を5番と6番にくっつけた試合もある。しかし、4番村上、5番オスナが連続出塁して、ここでサンタナを置くと作戦の幅が狭まってしまうのが気になっていた。

このシチュエーションでは、中村の技術が欲しかった。

中村をこのスポットに置いておけば、犠牲バントのサインを躊躇《ためら》うことなく出せるし、しかも中村はバントがめちゃくちゃうまい。ヒッティングでも、バットに当てるのがうまいので三振も少なく、ヒットエンドランなどの作戦も出しやすいのだ（ただし、ダブルプレーのリスクは考慮に入れなければならない）。
６番打者としての中村は、本当に素晴らしい技術をもっているのだ。

塩見泰隆――「切り込み隊長」に成長

２０２１年の日本一については、塩見が１番に定着したことが大きいのは言うまでもない。彼は、僕が二軍監督を務めていた２０１８年にドラフト４位で入団してきた。とにかく身体能力が高く、このフィジカルの能力をなんとか開花させたいと思っていた。

一軍でフルシーズン戦える肉体、マインドセットを教えてきたつもりだが、一軍でのプレーは２０１８年が16試合、２０１９年は45試合、２０２０年も43試合にとどまっていた。日本一のシーズンにレギュラーに定着出来たのは、持ち前の足を生かした守備、走塁もさることながら、本塁打14本、三塁打はセ・リーグでトップの７本をマークするなど、長打力が武器になってきたことが大きい。

昔から言われる「切り込み隊長」の役割を果たしてくれたわけだが、このまま成長していけば、かつてのタイガースの１番打者、真弓明信さんや、カープの高橋慶彦さんのような打者になれるのではないかと期待している。

期待しているということは、彼に対して求めるものが多いということを意味する。あれだけの能力を安定的に発揮して欲しい。とにかく、試合が始まってみないと、どんなパフォーマンスをするのか、想像がつかないのだ。

レギュラーシーズンを戦い終え、日本シリーズを戦う前に両軍の戦力分析をしたときでさえ、コーチ陣たちと「塩見だけはフタを開けてみないと分からないね」という話になっていた。シーズン中も言ってきたが、「サイクルヒットか、４三振かどちらかの男」が塩見という選手なのだ。２０２２年以降は、４三振の日を消してもらいたい。

僕は選手の数字を読むのが好きなのだが、塩見の成績はいろいろな矛盾をはらんでいて面白い。２０２１年だと出塁率は・３５７とそれほど悪くなく、長打率も・４４１で、出塁率と長打率の総和である「ＯＰＳ」は・７９８と、大台である・８００に手が届きそうなのだ。ところが三振が１５６個と多い。これは困る。１番打者としてはコンタクトレートを上げて欲しいし、１回表の攻撃でさしたる抵抗もせず、三振して帰ってこられると攻撃に勢いが出ない。

三振を減らし、出塁率を高めてくれれば、もっとスワローズは点を取れるだろう。より相手の配球を読み、選球眼を良くしていけば、そのチャンスは増えると思う。

ただし、コーチングとしてはしっかり方針を決めて育てていきたいと思っている。僕としては「三振を減らして欲しい」と塩見に伝えたいのだが、「それだと当てに行ってしまうので、塩見の良さを消してしまうことになりませんか?」という意見をもつコーチもいる。

その意見も分かりすぎるほど分かる。そこで、打撃担当のコーチたちにはそのことを念頭に置いて指導してください、と伝えた。

プロ野球の世界は、長所を伸ばし、短所を消さなければ生きていけない。塩見はいまよりも打率、出塁率、長打率を上げなければいけない。それが長く活躍するために必要なことだ。塩見自身が、どのように自分を成長させていくのか見守りたいが、僕が期待する数字は、「打率3割、出塁率・400、盗塁50」の「3・4・5」だ。「トリプルスリー」のようなキャッチフレーズは、おいおい考えることにしよう。

青木宣親——チームリーダー

青木とは付き合いが長いので、このパートだけは「ノリ」で書き進めたい。

ノリにとって2021年のシーズンは、とてもストレスフルなものだったはずだ。まず、シーズン開幕に向けての自主トレーニングの最中に新型コロナウイルスの濃厚接触者に特定されて2週間の隔離生活。そして開幕早々、またも濃厚接触者になり、都内での隔離生活を強いられてしまった。

シーズン中の隔離期間は、体は元気なのに外に出られず、トレーニングも室内に限定されてしまうのが、とてもつらそうだった。「出来ることはやっています」というノリの言葉に、やるせなさを感じたことを記憶している。

それでも、復帰してからベテランのノリが果たした役割は本当に大きかった。これは数字以上のものだ。ダグアウトの「ワイワイ」した雰囲気を作ってくれたのはノリだと思っている。

一塁に出塁したときにポーズを取ったり、点が入ったときにダグアウトで喜ぶ姿を見せることで、若手も素直に感情を表現することが出来たのではないか。僕は基本的に野球は楽しいものだと思っているので、みんなで喜びを共有するのは大賛成だ。

そういえば、シーズン終盤、クライマックスシリーズ、日本シリーズと進むにしたがって、「監督、かなり感情表現が豊かになってきましたね」と指摘されたが、それはダグアウトの雰囲気に乗っていただけであって、もとをただせばノリが作ってくれた土台の上で、僕も野球を楽しませてもらったということだ。

もしも、ノリがいかにもベテランという感じで、それほど感情を表に出さず、ダグアウトでぶすっと座っていたら、シーズン終盤の勢いは生まれなかった気がする。

もうひとつ大きかったのは、オスナ、サンタナのふたりの外国人がシーズン途中で合流してから、いち早くチームに溶け込めるよう、プレーしやすい環境を整備してくれたことだ。ふたりが何か戸惑うことがあっても、ノリが相談に乗って解決してくれていた。

ノリがこうした役割を担うようになったのは、アメリカでプレーした影響が大きい気がする。ノリがメジャーリーグに在籍していたのは2012年から2017年までの6シーズンだが、渡米前は年齢的にも若かったし、自分に「喝」を入れながら、グングン引っ張っていくタイプだった。基本的には、自分のパフォーマンスを上げることで、チーム状況を好転させようとするリーダーだった。

ところが、アメリカから帰ってスワローズでプレーするようになってからは、ノリなりに「チームの理想像」をもっているように見える。年齢、経験的にもチームリーダーにふさわしい立場になり、チームに刺激を与えるのはもちろん、雰囲気作りの面で自分に求められることをすごく理解して動くようになっていた。
いまのスワローズは若い。若い選手たちがのびのびプレーするためには自分はどうふるまえばいいのか。オスナとサンタナが日本でプレーすることになって、馴染むのに苦労しているだろうから、少しでも生活、環境に慣れる手助けをしたい。ノリがそう感じたのは、きっとアメリカで苦労をしたからだ。

僕もアメリカでのプレー経験があるからうっすらと分かるのだが、メジャーリーグでは日本人はマイノリティになる。マイノリティの気持ちは、実際にマイノリティになってみなければ分からない。誰が助けてくれたのか、いまだに鮮明に記憶している。たぶん、ノリも同じような体験をしたと思う。その経験は、無駄ではなかったはずだ。

プレーの面で忘れてならないのは、日本シリーズ第２戦の８回表、宮城大弥投手から放った先制点となるタイムリーヒットだ。あの、バットを押し込むようにして外野まで運んだヒット。僕はバッティングのことはよく分からないが、「気持ち」で打つヒットってあるんだな……と本当に驚いた。日本ではスワローズひと筋でやってきたノリの思いがこもっていた。

ノリというリーダーは数字以上の貢献をチームにしてくれているし、２０２１年の日本一はノリ、青木宣親なくしては実現しなかった。だからこそ、日本一になった瞬間、青木が号泣しているのを見て、僕は感情を抑えるのに本当に苦労した。もっと、素直になってもよかったかと思う。

投手編

奥川恭伸と高橋奎二――若手投手の成長

ここまでは野手陣を振り返ってきたが、ここからは2021年に活躍してくれた若手投手について書いてみたい。

奥川恭伸と高橋奎二。このふたりはスワローズの「フロントスターター」――看板投手へと成長してくれた。何度も書いてきたが、9月から10月にかけての重要な試合ではこのふたりを軸にしてローテーションを組んでいたし、CS、日本シリーズもふたりのピッチングの質の高さが光った。

高橋については二軍監督時代からその成長を見てきたわけだが、ふたりには共通点も多い。とにかく礼儀正しいというのが第一印象。高校時代から甲子園の舞台に立ち、大人と接する機会が多かったことが、彼らを人間的に成長させたのかなとも思う。

そして肝心の投手としての技術が高い。それはマウンド上だけではなく、フィールディングを含めた投手全般の技術についてである。

「野球脳」というべきか、シチュエーションによってどんなことが必要かを理解しており、教え込む必要がなかったのだ。たとえば、ピンチを迎えた場面では、ダグアウトからどんな守備シフトのサインが出るか予測がついており、心理的な動揺を見せることなく、準備が出来ていた。

さらには守備、牽制のサインを覚えることなど（プロでも、なかなか覚えるのに苦労する選手がいる）、スーッと記憶し、体に染みこませる。あまりに覚えが早いので、「やっぱり星稜や龍谷大平安といった名門校は鍛え方が違うな」と感心してしまったほどだ。もちろん、親御さんの育て方も影響しているはずだ。

奥川、高橋のように素質があり、高校時代までにしっかりとした基礎が出来上がっている選手をどう育てていくのか。彼らを日本球界を代表する投手に育てなければ、スワローズの長期的な安定も訪れないが、育成というものは難しい。

高橋は僕が一軍コーチを務めていた２０１６年に入団してきた。そのポテンシャルは計り知れないものがあり、実際に二軍でのデビュー戦は圧巻の投球だった。３イニングを投げてパーフェクト。その報告が一軍にも上がってきて、これはとんでもない投手が入ってきたと誰もが興奮した。

ところが、次の日に故障が発生していた。肩に違和感があり、投げられなくなっていたのだ。

そこで球団の編成、コーチ陣で考えたのは、「これは育成方法が間違っているのでは？」ということだった。そこから、高校生の育成プログラムをどうしていくか、ということがスワローズにとって大きな課題、テーマとなった。

２０１７年には履正社から寺島成輝、２０２０年には星稜から奥川が入団してきたわけだが、基本的には高校時代にどんな練習をしていたのかをスカウトがリサーチし、プロ１年目、２年目にどの程度の負荷をかけても大丈夫か、ということを編成、投手コーチ、トレーナーと相談し、最適解を探りながら育成していくことになった。

たとえば、奥川の２年目については一軍で一度先発したら、一度抹消して、中10日以上を空けて、次の先発に備える。これも、1年目の状態を踏まえて出した育成方針だったが、結果を見れば成功だったといえると思う。

中10日で登板させているので、「しっかり休んでいるのだろう」と思っているファンの方もいるかもしれないが、それはちょっと違う。10日間のうち前半の5日間はフィジカルトレーニングに重点を置き、後半の5日間は登板に向けてしっかりと調整していくという日程を組んでいる。若手投手に関しては、フィジカルと投球技術の両面を追い求めていくというスタンスで育成を進めているからだ。一軍で投げるばかりではなく、未来に向けての体作りという両面で奥川を育成している。

2021年、奥川の場合は開幕時点と比較すると、シーズン後半には体重が5キロ以上増えていた。それが功を奏したのか、シーズン後半の奥川の成長というか、投球内容には驚きっぱなしだった。

2年目にして、あの安定感。奥川をマウンドに送り出す日は、「今日は負けない。絶対に打たれない」と確信をもっていたほどだ。ただし、あれだけ好調だった奥川を中6日で投げさせようとは考えなかった。その誘惑さえなかった。この調整法だから、このピッチングが出来ているんだ、と考えていた。

それでも、これはあくまで奥川についての育成方針である。すべての選手に当てはまるわけではない。スワローズとしてはそれぞれの選手に見合った「カスタム」の育成を行っていきたい。

奥川と高橋、ふたりのことをまとめて書いたが、ふたりにはもちろん違いがある。

奥川はとにかく野球ＩＱが高い。配球の正解を知っており、さらにすごいのはそこにコントロールできるということだ（その意味で、日本シリーズでモヤ選手に打たれた本塁打は、奥川をさらに成長へと導いてくれると思う）。

プロの投手として生き残るために必要なのは、１００球なら１００球を思い通りの場所に投げることだ。英語では「プレースメント」という。場所取りみたいなニュアンスだ。奥川は二十歳《はたち》にしてその制球力を身につけているのだ。

しかも、夏の甲子園の決勝を体験しており、大舞台でどのようにメンタルをコントロールするかさえ知っている。末恐ろしい投手だ。

一方の高橋は、シーズンの命運を左右するような大切な試合や、ＣＳ、そして日本シリーズという大舞台で、しっかりと自分の投球が出来る度胸、技術をもっていることを証明してくれた。さすがに、春のセンバツの優勝投手だけのことはある。大きな試合になればなるほど、グワッと燃えて、想像以上のパフォーマンスを見せるタイプなのかもしれない。

正直、もっと早い段階でこのレベルにまで到達して欲しかったという思いはある。それでも、時間をかけて緩やかにでも成長を遂げてくれたので、これからは２００イニングとは言わないが、シーズンで最低20試合は先発して、規定投球回数をクリアし、コンスタントに勝ち星を重ねていく投手になってくれると期待している。

そのためには、平均値を高めていくことが大切だ。毎試合、１２０パーセントの力を発揮しようとするよりも、うまく力をセーブしながら、安定した投球を続けていく。次のレベルにアップするときが来ていると思う。

小川泰弘と石川雅規――ベテランの味わい

スワローズ投手陣を支えたのは、若手だけではない。奥川、高橋のふたりを変則的なローテーションで登板させることが出来たのも、ベテランの小川泰弘と石川雅規がシーズン後半にローテーションを守ってくれたからだ。

「ライアン」こと小川は、気持ちにブレがない。いつも安定している。チームが連敗しているときでも、その悪い流れに惑わされることなく、淡々と自分が準備すべきことに集中している。

長いことプロとして活躍するためには、気持ちのムラをなくすことが大切だ。小川は喜怒哀楽を表に出すことが少なく、三振を取っても派手なガッツポーズをするわけではないし、打たれてもグラブをたたきつけるわけでもない。2020年にベイスターズ相手にノーヒットノーランを達成したときも、笑顔は見られたけれど、ド派手に叫ぶといったこともなかった。

抑えても淡々と、打たれても淡々と。これが小川としてのプロの在り方であり、僕はその姿勢を尊敬している。

一方、投手陣で最年長の石川は、青木と同じような役割を果たしている。

石川は1980年生まれ。2002年に入団というから、実働20年になる。しかも、2002年から2019年まで、連続して18シーズン、20試合以上に登板しているというのだから、いかに彼が丈夫な選手か分かっていただけるだろう。

加えて、石川は入団以来20年間、毎シーズン必ずヒットを1本は打っているのだ。この記録は継続して欲しいし、プロ初本塁打も見てみたい。

石川は先発投手陣の精神的支柱である。ただし、そのリーダーシップは青木とは違う。彼は口数が多い方ではないし、何かを教えようとするわけでもないのだが、とにかく一生懸命に練習をする。その姿勢を見た若手が「石川さんを見習って」とか、「石川さんがそう言うんだったら、やってみよう」というように、野球への向き合い方に影響を与えている。

石川が面白い存在なのは、もう20年以上もスワローズのユニフォームを着て野球をやっているので、対戦相手のことを熟知している一方、相手打者も彼のことをよく知っているという点だ。

石川は、相手の裏をどうかくかという勝負をしている。

投手出身の僕にとっても不思議なのは、あのシンカーでいまだに三振が取れることだ。何年も投げ続けていて、打者もその軌道が、頭にも、目にも焼きついている。それでも、三振が取れる。

なぜか？　僕の仮説を披露したいと思う。

「石川は、相手が自分についてどんな研究をしているか、それを研究しているのではないか？」

相手の研究を推測して、気づかれない程度に微調整を加えているのではないか。そうしたスマートさが石川の長いキャリアを築いているし、技術的にも生き残るものをもっている。フォーム、タイミング、球筋、すべてが相手を幻惑するように出来ているのだ。

しかも、腕の振りがそこまで強くないので、投げたときのダメージが少ない。おそらく、「トミー・ジョン手術」は石川とは縁がないものだろう。

清水昇、マクガフ——信頼出来るブルペン

僕自身がクローザーだったこともあり、ブルペンの役割がとても大切なことはよく分かっているつもりだ。

9回で勝ち切ることを考えるならば、そこから逆算して投手を当てはめていく。2021年であれば、9回はマクガフ、8回清水、7回は今野というように。

ただし、プロの場合は単年で見るだけでなく、長いスパンで活躍出来るブルペンの投手が必要だ。あるシーズン、良かったとする。ところが、翌年は投げられないとなると、評価はどうしても上がらない。その点、石山泰稚、清水昇、マクガフは年間50試合以上を連続して投げてくれた。

プロの世界には、隔年で活躍するブルペン投手がいるが、変な話、そうした働き方だと年俸もなかなか上がっていかない。

２０２０年、２０２１年と大きくブレイクスルーしたのが清水だ。彼は僕が二軍監督をしていたときの２０１９年の入団。ルーキーイヤーに一軍での先発が3試合あるように、当初は先発ローテーションを担えるように育成を進めていた。しかし、先発としては卓越した成績を残せず、２０２０年に僕が監督になって最初のキャンプでも、一軍と二軍の当落線上の投手だった。

一軍に残ったとしても「モップアップ」——先発が序盤に崩れたときにマウンドに上がるタイプの投手で、もう少し状態が良ければ、ローテーションの谷間で先発のチャンスがあるかな、という評価に過ぎなかった。

ただ、清水ならではの持ち味があった。腕の振りである。清水は小気味よく、しっかりと腕を振れる。これならば、イニング限定のリリーフで全力投球させた方がいいかもしれない

――というアイデアが湧いた。もちろん、配置転換は編成も絡む大きな決断事項だが、清水のブルペン転向が決まった。結果的に、この仕事が彼の性格、投球スタイルにマッチしていたのだと思う。

技術的なことをいえば、僕が求めるコントロールをもっており、リリーフ投手には許されない高めへの失投がまずない。２０２０年の途中からは８回のセットアッパーの座を自分で勝ち取り、２年連続で最多ホールド。２０２１年はドラゴンズで活躍した浅尾拓也投手の日本記録を破る50ホールドをマークした。これだけ投げられるのは頑丈な証拠である。

一方で、清水は「愛されキャラ」でもある。球場では後輩だけでなく、先輩までが「おっ、清水さん」と「さん付け」で呼んでいる。結果を出して調子に乗っているわけでもないし、要はいじられキャラなのだが、いじられるのは仕事で信頼を勝ち得た証でもある。チーム内での発言、行動が認知され、存在が大きくなってきているということだと思う。

それにオンとオフの切り替えもしっかりしているようだ。シーズンオフに、フジテレビＯＮＥの「つば九郎タイムズ」を見ていたら、しんどい試合を抑えたら、家に帰ってそのままソファに寝転がり、バタンキューしているという。リリーバーはそれでいい。

清水からマウンドを引き継ぐのは、マクガフである。

２０２１年の日本シリーズはマクガフ抜きには語れない。日本シリーズの数字だけを見ると、マクガフは１勝２敗２セーブだ。スワローズの４勝のうち、３試合にマクガフが関わっているので、僕は優秀選手に選んで欲しかったと思っているくらいだ（これは本気）。

日本シリーズに関していえば、本当によく投げてくれた。一度、倒れてから起き上がる力のことを「レジリエンス」というが、マクガフはその力がハンパない。

マクガフはタフだった。日本シリーズでは第１戦、第５戦と手痛い敗戦を喫した。シーズン中だって、打たれたことはある。それでも、どんな試合の後でも、スイッチを切り替えて翌日の試合に臨んでくれる。周りが気をつかう必要がなく、「スコットなら、心配ないだろう」と僕は信じていた。

これは、彼の絶対的な能力だと思う。僕はスコットを信じている。

第6章　育てながら勝とうじゃないか

「二兎」を追う

これまでのスワローズの戦い方を振り返り、選手たちの成長がどんなものだったのかを書いてきたが、本当は全員に触れたいほどだ。奮起を促したい選手もいれば、今年が勝負だと思っている選手もいる。かと思えば、数年後にスワローズの看板を青木や山田、村上のように背負って立ってくれるだろう――そう期待している野手もいる（みなさん、お楽しみに）。

今回、本を書くにあたっていろいろと自分の考えを整理してきたが、２０２１年のスワローズが１００点満点だったことは疑いない。最高の結果だ。ただし、自分が理想とするチームと比べてみると、まだまだ球団として強くなれる余地がある。これが楽しみでならない。

何度も書いてきたが、スワローズには左投手が不足している。この穴を誰が埋めてくれるのか。大きなチャンスが広がっている。また、現行のメンバーを考えると、外野だと試合終盤には必ず出番がめぐってくるから、そこで力を発揮する機会もある。

いろいろ考えていると楽しみで仕方がないのだが、こんなことを考えているから興奮して、なかなか寝つけないのかなと反省したりもする。

一軍監督としては、とにかく目の前の試合に全力をつくす。そのためには、先発投手がしっかりとゲームを組み立て、中盤までにリード、あるいは僅差の展開にもち込む。そこからはスワローズの総力を結集して勝ちに行く。そこにブレはない。

それでも、僕は「二兎」を追いかけたい。勝ちにこだわりつつも、将来のスワローズを背負って立つ若手にチャンスを与えながら、才能の花が開くのを見てみたいのだ。そのためには何が必要なのだろうか？

選手のマインドセットを変える

そうした思いを受け、年が明けてから、僕はスワローズのスタッフを前にして「一軍、二軍を問わず育成をしっかりとやっていきましょう」と話をした。これは技術面についてだけではない。むしろ、二軍でくすぶっている選手たちの「マインドセット」を変えたいということを念頭に置いて話した。

これは野村監督から聞いた話だが、いくらプロとして給料をもらっていたとしても、レギュラー以外のメンバーには、自分の能力を自ら限定してしまう傾向があるというのだ。監督はこう言った。

「試合に出られないと、自分はこんなものだとか、こんなすごい人たちの間にいるんだったら、僕は一軍のベンチに入れれば十分だ、とか考えるようになってしまう。そう思ったら最後、人間、成長が止まる」

自分が監督の立場になってみると、この野村監督の言葉の意味がよく分かる。

一軍とファームを行ったり来たりする「一・五軍」的な立場の選手たちは、一軍のレギュラーを取りに行くのではなく、そのポジションをキープする方向に頭が働くようになる。人間、安定を求めるから、どうしても自分の地位を失いたくないのだ。これだと球団としても使い方が難しくなる。

監督としては、選手はプロとしてお金をもらっている以上、レギュラーを奪うためにはどうしたらいいのか？ というポジティブな、攻めの考え方をもって欲しい。

一軍と二軍の監督を両方経験した立場からすると、「二軍でいい」とか、「二軍のレギュラーで十分」と思ってもらっては困るのである。彼らは決して口には出さないが、態度でそれが分かってしまう場合もあるのだ。

ファンの方からすると、不思議かもしれない。

「えっ、プロ野球の選手って、全員自信をもってるんじゃないの？ プロになっただけでもすごいのに、どうして弱気になっちゃうんだろ？」

そう思うのではないか？　ところが、現実は違う。

プロまでたどり着く選手たちは、たしかにアマチュアレベルでは図抜けた存在だったはずだ。何をやらせても学校でナンバーワン、というような。

しかし、プロ野球は「すごい人たちの集まり」である。高校時代にエースで4番を打っていたとしても、プロの世界でまた競争が生まれる。全員がエースになれるわけではないし、クリーンアップを打てる打者も限られる。山田や村上のように球団の看板打者になる選手、奥川のように若くして大舞台に立てる先発投手は、選ばれた人間のなかで、さらに選ばれた人間なのだ。

そうした選手たちを目の当たりにして、自信を失ってしまう選手もなかにはいる。入団してすぐのキャンプで「これはすごい世界だ……」と気後れしてしまうのだ。

この世界に入ってから30年以上になるが、こうした気持ちになる選手はドラフト5位とか、6位の選手ばかりではない。1位、2位の選手にだって起こり得る。

このような弱気なマインドセットになったら、成長が止まってしまうので、若い選手たちをしっかり鍛え、みんなで育成していきましょう、というメッセージを関係者に発信したわけだ。

二軍の待遇

ただひとつ、育成に関してはこれから解決したい課題がある。『二軍監督の仕事』にも書いたが、二軍の待遇がちょっと良すぎるという気がしないでもないのだ。アメリカでは、メジャーリーグとマイナーリーグの待遇は天と地ほどの差があるが（それでも、最近はマイナーリーガーの待遇改善の動きもあるようだ）、日本では一軍と二軍の差が傍目《はため》にはよく分からないと思う。

たとえば、一軍も二軍もユニフォームは同じ。野球選手にとって大切なユニフォームについては待遇面の差がないのだ。加えて、二軍の選手も外の人に対して「スワローズの選手です」と堂々と言える。僕としては一軍で活躍出来て、初めて口に出せる言葉じゃないかと思うのだが……。

いま、プロ野球界ではホークスの育成の成功もあり、二軍、三軍の施設、待遇の充実こそが一軍の成績に結びつくと言われている。スワローズだって、二軍の選手は埼玉・戸田の寮に住み、食事も出るし、それほどお金もかからずに生活出来る。居心地は決して悪くはないはずだ。そうした生活が出来るのは、球団が選手たちの未来に期待して、投資しているからだということを忘れないで欲しい。投資してもらっているからには、それを何倍にもして返して欲しいし、その方が選手自身も年俸面での見返りがある。

もっとハングリーに、もっと貪欲に。とにかく、選手たちには欲をもって欲しい。たしかに、プロ野球は厳しい世界だが、「どうやったら自分は勝負出来るのか？」ということを考えて実行してくれれば、コーチ陣はしっかり見ているし、絶対に手助けする。

一例を挙げると、投手のメカニックの問題であれば、コーチ陣が問題を探して解決法を提示する。問題の在り処が欠点なのか、弱点なのかによって対処法も変わってくるが、プロのコーチたちには豊富な経験がある（欠点と弱点では、大きく違う）。選手たちが弱気にならず、向上心をもってくれれば成長のチャンスはいくらでもある。

前向きなマインドセットさえ設定出来れば、可能性が開ける世界なのだ。

負けず嫌いであれ

向上心をもつ、あるいは負けず嫌いであることは、プロで成功するには絶対必要な条件だと思っている。

自分のことで恐縮だが、僕がクローザーを務めていたときは、7回、8回を五十嵐亮太、石井弘寿（現・一軍投手コーチ）が投げていた。「ロケットボーイズ」だ。とにかくビュンビュン速い球を投げていた。僕にはない絶対的な武器だ。そして五十嵐、石井弘寿ともに「いつかクローザーになってやる」という野心をもっていることを、僕は肌で感じていた。俺がいる間は、絶対にやらせないと思いながら。

誤解のないように書いておくが、このふたりとはとても仲が良かった。いまも良い。それでも仕事は別で、自分は後輩たちに負けてはいられないと思っていたし、きっと、若いふたりはいつまでもセットアッパーに甘んじてはいられないと闘志を燃やしていたはずだ。ここに競争心が生まれ、スワローズのブルペンとしてレベルが上がっていた。

もし石井と五十嵐が、「高津さんがメジャーリーグに行ってからクローザーになれればいいや」と思っていたら、あれだけの実力を身につけることはなかっただろう。

誰かのポジションが空くのを待っていたり、野手であれば、試合後半の守備固めから出られればいいやと思っていたら、技術は上達しない。あくまで、ポジションは取りに行くものであり、そうしなければ自分の刺激にもならないし、チームにも活力を与えられない。

現代の日本社会において根性論は必要ないのかもしれないが、プロ野球界においてはハングリー精神の重要性はまったく変わっていない。長いシーズン、やる気のある選手は分かる。

要は、長い期間にわたってモチベーションを維持できる選手が「上」に行ける。一流と認められるのは、上で何年も結果を残した人だけだ。

いま、ブルペンでは理想的な状況が作れていると実感している。自分が監督になってから、スワローズのブルペンにはいい意味で競争が生まれていると思う。石山、マクガフには実績があるが、清水もいつかはクローザーをやりたいと思っているだろうし、今野にもハングリー精神がある。

問題は、次の「レイヤー」――次の層の選手たちだ。序盤で試合が崩れたときに登板するモップアップ、5回、6回という、試合がどちらに転ぶか分からない場面で登板する中継ぎの投手たち。２０２２年からは再び延長12回制に戻ることもあり、そこで安定した投球が出来れば、チャンスはさらに膨らむ。

地位を確立した選手たちに対して、「俺がポジションを奪ってやる」という意欲をもって欲しい。僕はそれを求めているし、そうしたムードを作っていきたい。

「チャレンジ」枠の考え方

イメージとしては「発芽」――芽が出てきた選手に対しては、広く機会を与え、新陳代謝を図ることが球団にとって大切だと理解している。ベテランに対して若手が挑んでいく構図を作ることがチームを活性化させ、競争力を生むからだ。それは2021年前半のタイガースを見ていてよく分かった。

僕としては「刺激」の機会を作りたい。ベンチに登録する選手のうち、何人かは「チャレンジ枠」的なものがあっていいと思っている。

たとえば、僕が一軍監督に就任する前、2018年のシーズン終盤の村上の起用法がそれに当てはまる。翌年を見据え、村上を一軍の空気に触れさせることが目的だった。CS進出の可能性が断たれていたから出来たともいえるが、一軍・二軍が連携し、準備が整ったから実現したことでもあり、これが2019年からの村上のブレイクスルーにつながった。

この発想は、日本一になった2021年のシーズンでも続けていた。シーズンの中盤までは、ダグアウトのやりくりも考慮しながら、ルーキーで捕手の内山壮真をときどき一軍に上げて、打席に立たせたりしたのはそうした目的があったからだ。

先発陣であれば、スワローズはローテーションの関係で、現状6人以上の駒が必要なので、いわゆる谷間のときに若い投手にチャンスを与えるのもやぶさかではない。そこでいい投球をすれば、他の先発投手にも大いに刺激になるはずだ。

安定した結果を残すためには、ある程度メンバーを固定したい。固定したいのにチャレンジ枠を用意する、というのは矛盾した考えだとは承知している。それでも、新陳代謝を促していくのも中長期的なチーム作りには絶対必要であり、長いシーズンのなかで、そうした機会を作っていくつもりだ。

言うべきことと、言うべきでないこと

ただし、機会を作るまでには育成に膨大な時間が必要だ。

前向きになってもらうためにも言葉が必要だし、技術の改善を促すためにも言葉が必要だ。分かりやすく伝える技術が指導者には求められる。やる気を失わせたり、ネガティブになってしまう言葉をかけるコーチは失格だと思う。

選手に対する「言葉」のかけ方については、二軍監督時代からいろいろと勉強してきたつもりだ。僕が気をつけているのは、「感情を素直に伝えた方がいいこと」と、「考えていても言わない方がいいこと」をしっかりと区別することだ。

たとえば日本一になった瞬間、マウンド付近に集まった選手たちに、「おめでとう」と声をかけたのは、感情を素直に伝えたかったからだ。よくやった、君たちは本当に素晴らしい

プレーをして日本一になったんだよ、と。振り返れば、野村監督は照れ屋さんで、本音を吐露することが苦手だったから、日本一になって困っていたかもしれない。

一方で、こと育成に関しては、言葉が良くも悪くもいろいろな効果を生むので、言うべきことと言うべきでないことを、しっかり区別する必要が出てくる。ただ、これがなかなか難しい。

二軍の選手たちを見ていると、その成長を阻害するような癖が見つかるときがある。「そこは修正して欲しい」とハッキリ伝えるが、それでも、思ったことをすべて伝えるわけではない。「これを伝えると、かえってマイナスに働くかもしれないな」と思ったことは、胸の内にしまっておく。間違ってもしてはいけないのは、感情に任せて選手にいろいろな内容をぶつけてしまうことである。

伝える、伝えない基準がどこにあるのかは微妙で、自分の感覚に頼っている部分はある。これを判断するには、経験を積むしかないと思う。

「伝えない方がいいな」と判断するのは、技術に関することが多い。

プロ野球選手は、技術に関してはプライドが高い。それは高校を卒業したばかりの若い選手だって変わらない。このやり方でプロまで到達したという自負があるはずだからだ。相手が、自分がイメージしているのとは違う感情を抱きそうだと思ったら積極的な改善提案はしない。また、修正した場合の副作用というか、課題としている部分は直るかもしれないが、いいところが失われる可能性があれば黙っておく。

とにかくいろいろな要素を考慮しながら最適な言葉を探す。もちろん、無言が良い場合もある。いずれにしても、僕は修正提案をするにもポジティブな空気を出したい。選手も、否定から入られたら、心を閉ざしてしまうかもしれない。それではチームは活性化していかない。

全員が戦力になる必要性

振り返ってみると、僕の現役時代にも同じような状況があったなと思う。

１９９２年の日本シリーズでは第７戦までもつれたうえにライオンズに敗れたが、相手クローザーの潮崎哲也に手こずったこともあり、その年の秋季キャンプで、野村監督から「潮崎のあのシンカー、お前も投げられんか？」という宿題を出された。

当時、先発投手として速球を求めていた僕に、監督は、シンカーをマスターし、リリーフに転向してみないかと提案したのだ。その話をもらい、「結構、たいへんなことを求められているな」とは思ったが、ネガティブな感情は抱かなかった。シンカーをマスターすれば、自分にはポジションが与えられるし、そうすればスワローズが強くなれる、日本一になれると確信出来たからだ。

こうして振り返ると、野村監督は育成に関してのアイデアはもちろんのこと、言葉の選び方も独特だったなと思う。野村監督は回りくどいことを言うのは苦手だから、言葉を飾らず、必要最低限のことを直截的に選手に伝えた。それでいいのだ。

僕も監督として、そうありたい。選手が前向きになれるようなアイデアを出し、それを飾らない言葉で伝えたい。その背景には、他球団と比べて選手層が薄いということがある。三軍の組織をもっているわけではないから、支配下登録選手、育成選手を含め、すべての選手に活躍してもらわなければ中長期的に安定した戦力は作れない。

たとえば、大学、あるいは社会人を経てドラフト上位で入団してきた選手が、入団して2～3年が経過してもなかなか活躍できないことがある。プロ野球の世界で生き残るには瀬戸際と言ってもいい段階だ。こうした立場の選手に適切なアドバイスをして、戦力になってもらわないと、球団にとっても死活問題である。

そういう立場になったら、とにかくプライドを捨ててがむしゃらに野球に取り組んで欲しい。もちろん、本人にも理想像はあるだろう。しかし、プロ野球の世界はエリートの集まりであり、生身の人間がやることなので、すべてが思い通りに運ぶわけではない。

僕が大切だと思っているのは、物事が理想通りに進まなかったときのマインドセットだ。

そういうとき、プロとしてどうするか？

ここで視点を変えるなり、コーチたちのアドバイスをうまく消化出来る能力があれば、チャンスは広がる。

僕のキャリアを見ても、間違いなくそう言える。野村監督からシンカーの習得を打診されたのは、２年目のシーズンが終わったときだった。もしも、自分が先発投手にこだわり、「シンカーなんか、自分には無理だろ」と思い込んでしまったら、まったく違ったキャリアを送ることになっていただろう。投手として、芽が出なかった可能性すらある。

自分の築いてきたものをいったん捨てて、監督やコーチの言葉を信じ、自分なりに努力すれば、成長のチャンスは大きく広がる。相手に対して素直になることは、成長のきっかけとなる。

２０２１年は塩見をはじめとする若手野手の頑張り、中村の成長によるバッテリー力の向上、投手陣では今野が7回を担ってくれるようになり、そうした新戦力の台頭が優勝に結びついたのは間違いない。なかには野村監督のことを想起してか、「再生工場」という言葉を使う記者の人もいる。

そう言ってもらえるのはありがたいが、ちょっとニュアンスが違うかなと思っている。2021年、本当の意味で再生したのは川端だけだと思う。彼も本当はプロとしてもっと出場機会が欲しいだろう。それでも、代打の切り札として活躍し、驚異的な成績を残してくれた。川端のケースは、本人の努力が実っての再生と呼ぶにふさわしい。

2021年に活躍した選手たちは、みんな成長したのだ。これはスワローズのフロント、コーチ陣が一丸となって選手たちから最大のパフォーマンスを引き出そうとし、選手がそれに応えてくれた結果に他ならない。

球団全体で「プラン」を共有する

二軍監督を経験したこともあり、選手を育成するには球団としての「プラン」が本当に重要だと考えている。選手の素質、力量に見合った練習計画、二軍、一軍での起用、フロント陣と現場、一軍と二軍の意思が一気通貫していなければならない。

前章で紹介した奥川の育成計画は現在進行形のものであり、スワローズとしては、奥川だけでなく、高橋などの成長パターンもデータとして蓄積しながら、毎年、情報をアップデートしているところだ。

これは時間と手間がかかる。将来、スワローズに入団してくる選手が、奥川と同じような育成方法で結果が出るとは限らないからだ。それぞれの選手の故障歴によっても変わってくるし、完璧な答えはないだろう。ただし、データが蓄積していくことで球団の資料、選択肢は増える。それがスワローズの財産になっていく。

高卒の先発投手については、最初は中10日でスタートしながら、成長度合いを見つつ、将来的には中6日でローテーションの一角を担ってもらう。鍛え、回復させ、さらに強くする。この繰り返しを地道に積み上げていく。

ただし、球団が作る育成プランを、選手本人にもしっかりと理解してもらわなければならない。前にも触れたが、監督として若手投手について気になっているのが、「めちゃくちゃ投げたがる」ということなのだ。

ひと昔前だったら、それで良かったのかもしれないし、指導陣もそうした姿勢を評価しただろう。しかし、いまは違う。

僕らが現役の時代は、試合でたくさん投げることは多かったが、いまの若手投手は、試合の前の段階でとにかく球数を投げたがる。

プロの選手は試合で結果を出すことがすべてなので、そこに至るまでのプロセスはいろいろなルートがあって構わないが、いまの若い選手たちは、かなりの強度で投げ込みをしている。これだけ投げたら、試合に入る前から消耗してしまうのではないか？　と心配になってくるほどなのだ。

一軍の投手陣は12〜13人、試合前のキャッチボールでは6〜7レーン出来る。それぞれの距離で、遠投などしながら肩を慣らしていくが、これがだいたい20分ほど。そのうち、片方の投手がなぜか座り出して、もう片方の投手のピッチングが始まるのだ。だんだん熱が入ってきて、投手では捕球できないレベルになり（プロとはいえ、投手では捕れないほどです）、ブルペン捕手が入ったりするのだが、「ちょっとやり過ぎじゃないかなあ」と心配になってしまうときがある。

果たして、純粋に投げたいのか、元気なのか、不安なのか。そのあたりはちょっと分からない。なんとなく、メンタル的なことと関連している気はする。あるいは、そんなことは関係なく、トレーニング技術が発達して、投げる技術、体力が十分に備わってきただけなのかもしれない。本当のところは分からない。

キャリアを長く積もうとするなら、軽めの投球で準備する方法を確立するのもプロの仕事だと思う。推測だが、特にブルペン投手の場合は、投げ込んでおかないと不安になるのだろう。出来れば、違う方法で充電し、マウンドでの仕事に向かう方法を探して欲しいところだ。

育てながら勝とうじゃないか、と思っているのが球団サイドばかりではダメだ。選手本人が成長への意欲をもち、そのための最適な方法を考えて欲しい。監督としていくらでも相談に乗る。

求めるのは、常に全力プレー

意欲をもっている選手たちに、何を教え込むのか。スワローズが新人に対して必ず伝えているのは、常に全力でプレーすることだ。え、そこ？　と思われるかもしれないが、これが野球の基本である。もちろん、他の球団も伝えているだろうが、二軍戦でちょっとでも気の抜けたプレーをしたら、コーチ陣からかなり厳しく指導されるのがスワローズだ。

一生懸命プレーすることの意味は、２０２１年のスワローズを見た方には理解いただけると思う。とにかく、全員が一塁ベースまで全力疾走する。一般に外国人選手はそれを怠るケースが散見されるが、オスナ、サンタナも「肉離れするんじゃないか？」と不安になるくらい全力疾走を欠かさなくなった。

野球が好きだったら、全力でプレーするのは当たり前だと思う。その姿勢を二軍の段階から自然と身につけてもらう。根っこにあるのは、少年野球で試合に出たときのうれしさと一緒ですよ、と。

ただし、プロ野球の世界だから、全力でプレーしたとしても、結果が出ないときはある。相手の投手が素晴らしい出来だったとか、打者がうまく打ったなど、経験を重ねれば重ねるほど、仕方がなかったと思うことは出てくる。そういう場合は、コーチ陣も何も言わない。日本シリーズの山本由伸投手を相手に「なんとかせい」と言っても、なんともならないのはプロならば誰もが知っている。

ただ、自分の心がけで結果が変わることもプロ野球には数多くある。そこで努力したかどうかが常に問われるということだ。それはグラウンド上でのプレーだけではない。その前段階——相手の研究、試合に向けての準備時間をどう過ごしたか、ということまでもが「全力」の範疇《はんちゅう》に含まれる。

バッテリーであれば、しっかりと相手打線を研究したかどうかが問われる。相手を研究し、しっかりとした配球を組み立てられたのか。たとえ打たれたとしても、研究は間違ってはおらず、投手のコントロールのミスだったならば、それは練習で改善することが可能だ。努力は、反省する材料を与えてくれる。

出来た、出来なかったではなく、そこに至るまでに全力を尽くしたか？　ということまでも選手たちには問いたい。

問われる一軍と二軍の連携

ただし、こうした「心構え」を監督だけで全員に徹底させるのは無理だ。そこで重要な役割を果たしてくれるのが、二軍監督時代から一緒に仕事をしてきたコーチ陣だ。

たとえば、２０２２年から作戦コーチになる松元ユウイチ、内野守備走塁コーチの森岡良介は、僕がどんな野球をやりたいか、どんなチームを作りたいかを理解してくれている。

ふたりに共通しているのは、厳しいこと。

森岡は１９８４年生まれの37歳で、青木よりも年下なのだが、先輩の青木に対しても練習などで要求が出来る。青木も大したもので、年下である森岡に対しても「森岡さん」と丁寧に話す。選手とコーチという関係をわきまえてくれているのがありがたい（こうした細かいことが若い選手に影響を与えるのだ）。

松元も同じく厳しい。選手に課す練習量も多いし、ズバッと選手に指摘できる。このズバッと話せるというのは、コーチ、指導者にとって大切な能力だ。

２０２２年からは、一軍でヘッドコーチを務めていた宮出隆《りゅう》自《じ》に二軍の打撃コーチになってもらった。これは、育成を含め、選手層が厚いとはいえないスワローズの一軍と二軍の連携を強固にすることが狙いである。強いチームを作るには、絶対に必要だと考えたからだ。たとえば、一軍監督はシチュエーションによってこんなことを考えて采配しているよ、といったことを二軍の選手たちに早い段階から浸透させる。

二軍、そして一軍の監督の両方を経験して分かったのは、一軍、二軍に関係なく、すべての選手に目を配らなければいけないということだ。当たり前のことだと思われるかもしれない。しかし、球団には70名弱の支配下登録選手がいて、それにプラスして育成契約の選手がいる。本当に選手一人ひとりを、コーチ陣だけでなく、球団のスタッフも含めて観察していくことが２０２０年代のスワローズに求められることだ。

一人ひとりの選手に何が必要なのかを球団全体で把握し、みんなで役割分担しながら成長を助け、促していく。

それがスワローズにしか出来ない野球、「スワローズ・ウェイ」の完成に近づく第一歩だ。

２０２１年の連携

事実、２０２１年のシーズンは、一軍と二軍の連携がうまく行ったことが優勝をたぐり寄せた一因だ（僕がやりたいと思っていたことのひとつ）。

ここでは投手陣の連携について説明しよう。

一軍には２人の投手コーチと、バッテリーコーチがおり、それに加えて２０２１年からは二軍に４人の投手コーチを置いた。一軍は神宮を中心に、二軍は戸田と職場は離れているが、緊密に連絡を取り合い、若い選手や、一軍と二軍のボーダーラインの投手の育成を図った。

たとえば、試合で打ち込まれ、調子が下降気味の投手に二軍での調整を命じたならば、二軍のコーチにその選手の状態を説明し、しっかりと作り直してから一軍に復帰してもらうようにした。一軍から「ここを修正して欲しい」とリクエストを出すこともあるが、逆に二軍のコーチのアイデアを聞くのも面白かった。

二軍の立場としては、二軍に落ちてきた投手のケアというのはなかなか難しい。なぜなら、技術面はもちろんのこと、メンタル面でダメージを受けていることが多いからだ。指導者としては、技術、メンタル両面の改善に選手とともに取り組む必要がある。慎重に仕事を進めなければならない。この難しい仕事を二軍のコーチたちは、見事にやってくれた。

一軍、二軍の連携でうまく行った選手のなかに、ブルペンで大活躍した今野龍太がいる。今野は宮城・岩出山高校から２０１４年にイーグルスに入団。プロ５年目の２０１８年には一軍で４試合に登板したが、１勝に終わった。そして２０２０年にスワローズに移籍し、シーズン終盤には一軍に定着して、20試合に登板した。

ただし、２０２１年を迎えるにあたって、今野のポジションが安定していたわけではない。一軍でシーズンを通して安定した投球をするには何が必要なのか、今野とコーチはしっかりと話し合って課題に取り組んでいた。そしてキャンプ、オープン戦を通して力を発揮し、開幕から一軍に定着、その後は試合で自らの力を証明し、「7回」を投げる仕事を獲得した。

振り返ってみると、今野はハングリーだった。イーグルスで結果を残せず、スワローズで活躍するには２０２１年が正念場だと心底、理解していた。ひょっとしたら、ここで結果を出さなければプロとして終わってしまうかもしれない、という危機感もあっただろう。今野自身がそうした思いを抱き、それを技術面、メンタル面で支えたのが投手コーチ陣だったと思う。

こうした飢餓感、前向きな気持ちが自分を成長させ、強いスワローズの土台になる。このマインドセットがあれば、成功は近づく。

それでも、プロ野球の世界が厳しいのは、シーズンが改まれば、また全員がスタートラインに立たなければならないことだ。もちろん、実績は信頼につながる。それでも、誰にとっても同じ成績が残せるという保証はなく、ハングリー精神をもって努力を続けていかなければならない。

それを毎年、毎年繰り返すことを厭わないマインドセットこそが、「育つ」ことの基本原理なのだ。

第7章　スワローズ・ウェイと、野村監督の遺伝子

理想のスワローズとは？

前章で書いたように、これからのスワローズは育成を念頭に置きながら、チーム作りを進めていきたいと思っている。

そしてその先にあるのは、チームの理想形である「スワローズ・ウェイ」を構築することだ。

理想のスワローズとは何か？

僕はスワローズが中長期的に安定した強さを発揮するために、必要な種を蒔き、肥沃な土地を作っていきたいと思っている。

目指すところは、常に優勝を狙えるチームを作ること。少なくとも、セ・リーグで毎年3位以内に入ってクライマックスシリーズには進出出来る力をつける。そして常に日本シリーズを狙っていき、ファンのみなさんの期待に応える。

では、「スワローズ・ウェイ」とは何か？　ということを疑問に思われるに違いない。

少なくとも、その源流はハッキリしている。

野村克也監督——ここがすべての始まりである。

野村監督を偲ぶ会で考えたこと

２０２１年12月４日、神宮球場で野村監督を偲ぶ会（野村克也をしのぶ会）が行われた。僕は畏れ多くも、江本孟紀さん、古田敦也さんの後に弔辞を読ませていただいた。

弔辞を書くにあたって、いろいろなことを思い出し、それをしたためた。監督への僕の思いがこもっているので、ここでその弔辞を再録させていただく。

弔辞

東京ヤクルトスワローズを代表して野村監督に謹んでお別れのあいさつを申し上げます。

野村監督、まずは日本一の報告をさせていただきます。日本シリーズの指揮は苦しく、難しく、それでも楽しく、勝つ喜びは何事にも代えがたいものがありました。そして日本一になったいま、野村監督は勝った後にどんなことを思っていたのだろうと考えたりもします。

今日、監督への思いを述べるにあたり、いろいろなことを振り返りました。１９９２

年11月、その年の日本シリーズで西武ライオンズに敗れたわれわれは、宮崎県西都《さいと》市で秋季キャンプを行っていました。

「高津、１００キロのシンカーを投げられないか」

このひと言が私の人生を大きく変えました。それまで速球で空振りが取りたい、速い球を投げないとプロでは通用しないと思っていた私に、まるっきり反対のことを言われたのです。半信半疑で取り組んだ１００キロのシンカーはその後、私を大きく成長させ、いつのまにか絶対必要な武器となっていました。


ある年の試合が少なくなった9月ごろ、優勝争いの最中の試合で、私は同点の9回からマウンドに上がりました。同点のまま延長戦へ。10回、11回となんとか無失点で切り抜け、12回の表に味方が得点し、その裏を抑えれば勝ちという場面でピンチを迎え、私が投げているとき初めて野村監督がマウンドにやってきました。

4イニング目で疲れが出てきた私に、監督は、

「高津、もう少しだ。頑張れ。明日は投げさせないから」

ピンチをなんとか抑えその試合を勝利しました。そして次の日の試合、私はなぜか8

回から登板し、2回を投げ、監督と勝利の握手をしていました。

優勝争いのなかとはいえ、監督ってすごいなと思いました。私は完全に監督の手のひらで転がされていました。ただ不思議と嫌な感じはしませんでした。とにかく目の前のことに全力を尽くす。私もチームを預かる立場になり、そのときの監督の気持ちが分かるようになりました。ただ、もし同じ場面があったとしても、私はマクガフに同じことは言いません。

グラウンド以外の思い出は多くはないですが、ひとつ大きな思い出があります。大阪である番組の収録があり、監督とふたりで出演するため、前夜から大阪入りしていました。夕食をご一緒させていただくことになり、「何時にこの店」と指定され、少し早めに入店すると、カウンターにひとりのお客さん。その方は沙知代夫人でした。少し遅れて来られた野村監督と、沙知代夫人の間に座って食べた、おそらくおいしい料理の味はまったく覚えていません。

野村監督はひじょうに言葉を大切にされる方でした。私はいつもその監督の言葉に救われていました。抑えて戻ってくると「サンキュー。ありがとう」。この言葉が聞きたくて頑張ってこれたと言っても大げさではありません。

１９９９年、監督がスワローズを離れた後、球場で挨拶に行くと、必ず第一声は「抑えにして悪かったな」。

監督は抑え投手がどれだけプレッシャーを背負い、どれだけつらいポジションか理解してくれていました。監督が私を抑えにしてくれたから長くプレーができました。そしていまもスワローズのユニフォームを着ています。

「頭を使え。頭を使えば勝てる。最下位なんだから好きなように思い切ってやりなさい」

この言葉は昨年1月のスワローズＯＢ会で最後にかけてくれた言葉でした。課題を与え、グラウンドではのびのびと野球をやらせてくれる、野村監督らしい最後の言葉でした。

私の役目は野村野球を継承していくこと。残すこと。そしてそれに新しいものを加え、「スワローズ・ウェイ」をいまの選手に伝えていくことではないかと思っています。野村監督が作り上げた野村野球、すなわち考える野球。頭でやる野球の遺伝子はいまも、そして、未来も生き続けています。

あの一塁ブルペンの後ろからのしのしと歩いてくる姿。ベンチに座って戦いを見つめる表情。勝負に厳しく、そして人に優しく。大きな腕時計、派手なネクタイ。おそらくいまも大好きなきんつばを食べながら、スワローズの野球に、日本の野球に、ぼやいていることでしょう。

すべてを忘れません。どうかこれからもわれわれの野球を見守ってください。そして、大好きな野球を楽しんでください。

最後に監督にこの言葉を送ります。

感謝、感謝、感謝。

令和3年12月11日

東京ヤクルトスワローズ　髙津臣吾

この偲ぶ会があったこともあり、日本一になってから、野村監督のことをよく考えた。監督は日本一になってから、どんなことを考えていたのだろう。勝ったことは忘れて、新しいシーズンに向けてアイデアを練っていただろうか、などなど……。

野球のことももちろんだが、監督の性格、人となりについてもいろいろと思い出した。野村監督は照れ屋だし、恥ずかしがり屋さんだった。

日本一になったときのビールかけの挨拶でも、「ありがとう」「よくやった」というような言葉は使っていなかった気がする。飯田哲也が（僕と彼とは同い年）、「監督、一回くらい褒めてください！」とツッコミを入れて爆笑を誘っていたのを昨日のことのように思い出す。

野村監督は人のことを褒めるのが、とても恥ずかしかったのだと思う。

怒る。ダメ出しする。文句を言う。選手を成長させるために、そうした厳しい言葉をかける監督だった。「ようやったな」などという言葉をかけるのは本当に苦手だったのだろう。

ところが、僕に対してはねぎらいの言葉をかけてくれたのが本当にうれしかった。試合をクローズして勝てば、「ご苦労さん」、打たれて負けたとしても、何も言われない。監督はクローザーの仕事がどれだけしんどいか理解してくれていた。僕にはそれで十分だった。

野村野球の現代性

野村監督がスワローズの指揮を執っていたのは、僕が入団する1年前の1990年から1998年までである。入団してすぐ、野村監督から野球のイロハを仕込まれたのは本当に貴重な体験だった。

僕が作りたいと思っている「スワローズ・ウェイ」は野村野球の遺伝子をくむ。言い換えれば、監督の野球はいまでも有効なものなのだ。いまだに、僕たちは野村監督から仕込まれた——現代風に言い換えるならばインストールされたツールを使って野球をやっている。野村監督の発想は、30年以上経過したいまも有効なのである。そして間違いなく、野村野球と現代の野球はつながっている。

統計や映像の発達によって、この10年間でプロ野球界は大きな変貌を遂げたが、かえって「野村野球の現代性」が浮かび上がっている気がする。むしろ、こう表現すべきかもしれない。

いまのプロ野球は、野村監督の野球を基にスタートしているのではないか。

監督の考える野球の基本は、感覚に頼りがちだった野球の世界に「論理性」をもち込み、論理を構築するために「観察すること」「考えること」を選手たちに浸透させた。

「相手ピッチャー、バッターのクセ、いろいろ見てれば、気づくことがあるだろう」

そうぶっきらぼうに言って、僕たちに「発見」を促した。そのときの観察方法も、いまだに生きている。スワローズは相手を観察しているし、敵軍だってしている。しかし、相手に一歩先んじて情報を収集するのが生命線だ。

情報を集め、そこから知恵を絞る。野球の仕事のいちばん楽しい部分だ。ああでもない、こうでもないと考えていくと、新しい発想が見えてくる。それは、野球の常識をひっくり返すようなもので、どれだけ自分の武器になったか分からない。

カウント3―0からの勝負

僕も現役時には、いろいろ考えた。その結果、ボールカウントや配球についての新しい発想にたどり着き、強打者に対するときのマインドセットに変化が起きた。

たとえば、当時のセ・リーグを代表する打者である巨人の松井秀喜選手の攻略法は、それまでの常識とは大きくかけ離れたものだ。

カウント3―0にしても構わない。

なぜか？　松井選手と対戦すると、3ボールになった方が、かえって投球の組み立てがしやすくなるのだ。ただし、スワローズ・ファンの人には心配をかけたと思う。おい高津、ストライク放らんかと思っていたはずだ。

3―0になった場合、十中八九、いや、すべての人が、打者有利だと思うはずだ。ところが、僕にとってはそれが違った。かえって、このカウントの方が投手に有利に働くこともある、というのが野村野球の発想だ。

野村監督は、0―0からはじまって3―2までの12種類のカウントのすべてについて、打者とバッテリーの心理分析を行った人だが、その分析は対戦する打者との関係性において、無数に変化していく。

ジャイアンツの主砲である松井選手の場合、3―0になると、次の球を必ず見送るのである。それは主軸としての責任、仕事だろう。主砲が3―0からぼてぼての内野ゴロを打ったら示しがつかない。打線の士気にも影響を及ぼしてしまう。

そこで、僕はこう考えた。とても簡単に、ひとつストライクが取れる。

実は、初球から勝負に行ったりすると、3―1というカウントにはなりにくい。松井選手ほどの打者だと、早めに決着がついてしまうからだ。

そして3―1であれば、次の組み立ても楽なのだ。このカウントになると、松井選手はバットを振ってくる確率が高くなるので、彼が手を出しそうなところ、ヒットゾーンから少しずらしたところに投げる。最良のプランとしてはこれでファウルを取って、フルカウントにもち込む。

これで、３―２。読者のみなさんは、３―２になった場合は、どう考えるだろうか。きっと、打者有利と考えるのではないか。ここで野村監督の教えが生きる。監督はこう話していた。

「プロのバッターには三振したくないという心理が働くから、際どい球は振ってくる。この相手心理を生かせば、投手有利になるぞ」

たしかに、その通りだった。フルカウントから際どいコースの球を見逃して、三振を取られることほどつらいことはない（ピッチャーにとっては最高）。だからこそ、打者はプライドをかけてバットを振ってくる。

僕の場合、松井選手に対したときは、その日の球審との相性も考慮して、次の３パターンを考えていた。

①本当にギリギリのところに投げ、見逃しの三振を取る。

②打者心理を利用し、低めのストライクゾーンからボールになるシンカーを投げて、空振り三振を取る。

③相手が待っていそうなゾーンから少し外れたシンカーを投げ、引っかけさせて内野ゴロに打ち取る。

要は、フライボールを打たせない配球である。どれだけビッグデータによって野球が発達しようとも、打者心理を利用した配球は、いまだに有効である。

野村野球の共通言語

振り返ってみれば、野村監督は「野球心理学者」ともいうべき存在だったのではないか。この分野の開拓者であり、たったひとりの名誉教授だったと思う。

野村野球の先進性は、「野球技術と心理学の融合」にあり、監督がこうした発想にたどり着いたのは、野球について考えるのがとことん好きだったことに加え、人間観察が好きだったからだと思う。これはうがった見方かもしれないが、人間が好きだというよりは、「なぜ人間は、ときとして愚かな考えに至るのか?」という関心が高かった気がする。

その野村心理学によれば、打者のタイプについては、次のような類型化を行っていた。

A型　理想型
B型　コース型
C型　方向型
D型　ヤマ張り型

監督が考えたこの打者の類型化は、いまだにスワローズのなかに浸透している。投手コーチ陣、バッテリーが日常的に使いこなしている単語のひとつだ。

つまり、野村監督は「共通言語」を作ってくれたのだ。これは、たいへんなことである。

おそらく、監督を務めたタイガース、イーグルスでも同じ発想をインストールし、言語を広めていったに違いない。

ただし、僕は監督の哲学、心理学がいちばん色濃く反映されているのが、他ならぬスワローズだと自負している。

だからこそ、「スワローズ・ウェイ」こそが、野村監督の遺伝子をもっとも色濃く反映している。

ストライクゾーンのチャート

野村監督が発明した共通言語は数限りなくあるが（いつか監督の「野球語事典」を作りたいくらいだ）、もうひとつ、野村監督が遺してくれたどでかい財産がある。

ストライクゾーンのチャートである。

かつて、監督はテレビ朝日の解説を務めていたときに、ストライクゾーンを９分割した「野村スコープ」を用いて、野球解説に革命を起こした。

これによって、対角線を基本にした配球パターンなど、野球の奥深さがテレビの前でも味わえるようになった。この９分割の手法は分かりやすく、いまだに日本、メジャーリーグの中継でも使われている優れモノだ。

ところが、スワローズに入団して驚いた。チャートは９分割ではなかった。25分割（ボールゾーンを含めると81分割）だったのだ！

野村監督は現役を引退した後の、いわゆる浪人時代に野球のことをとことん考え続け、野球言語やチャートを具現化していたらしい。すごいことだ。

ご理解いただきたいのは、テレビで用いられた野村スコープは９分割だが、スワローズ版はより細かく分割され、さらにはボールゾーンにまで及んでいる点だ。

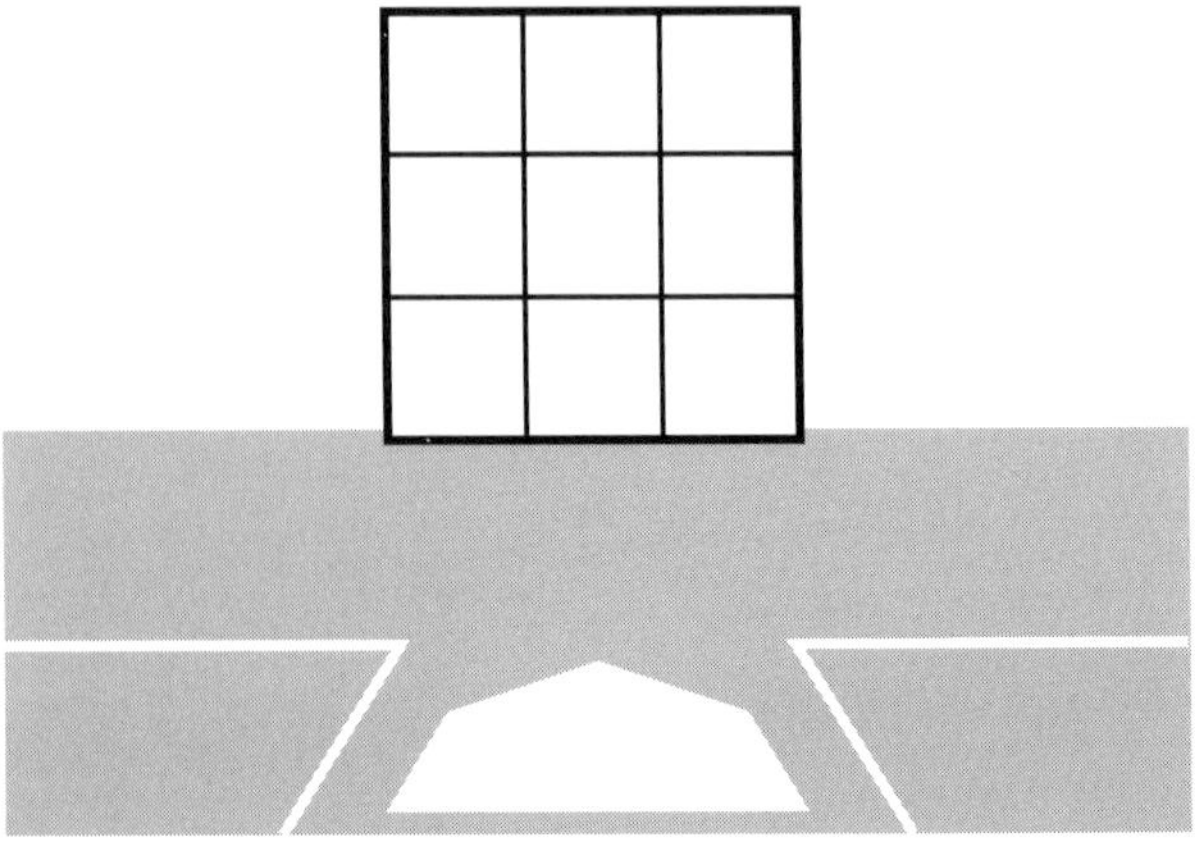

ストライクゾーンが9分割の「野村スコープ」

スワローズのユニフォームを着て、初めてこのチャートを見たときにはたまげた。これはとんでもない世界に飛び込んでしまったとも思った。野村監督のチームでは、これだけのコントロールの精度を求められるのか、と。9分割で考えていては、打たれる。25分割(81分割)にコントロールできなければ、プロとして成功できない(実際、そうだった)。

　スワローズ・バッテリーは、いまだにこのチャートを使って考える。ミーティングでも相手打者の分析には、この数字を使って説明

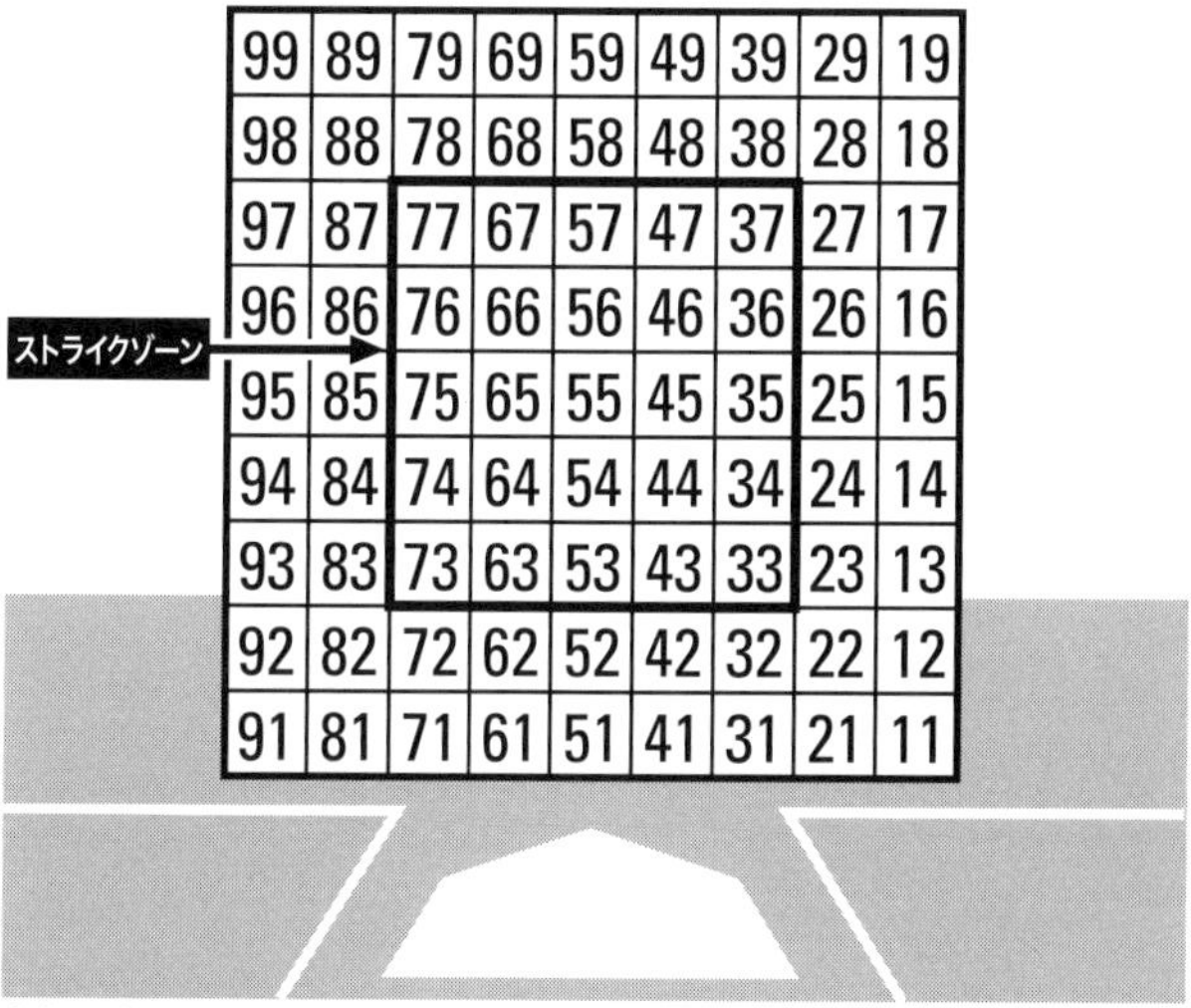

出典：野村克也著『野村ノート』（小学館文庫）の図を投手側からのものに改変

野村監督が実戦で使っていたストライクゾーン25分割（ボールゾーンを含めると81分割）のチャート

する。このチャートは、言語を超えた「伝統」になったのだ。

スワローズに新しく入団してきた投手、捕手は、「35」「23」といった数字を学び、チャートのどこにコントロールするかを身につけていく。ピンチを迎えたときに、捕手はチャートのストライクとボールの境界線に球を要求する。そこに投げられるのか――。それが、その投手の能力につながる。

詳しくは書けないが、とある番号のことをスワローズでは「原点」と呼ぶ。その原点に制球する力を「原点能力」と呼んでいる。

この言葉ひとつ取ってみても、野村監督の発想が21世紀のいまも生きていることがお分かりいただけるだろう。

新たな作戦の可能性――データ・アナリストの役割

僕たちは野村監督の薫陶を受けた世代であり、いわゆる「野村ＩＤ野球」が現在でも十分に通用することを証明出来ていると思う。

しかし、こうも想像する。もしも、１９９０年代の野村野球をそのままやっていたとしたら、野村監督はこう言うだろう。

「まだ、そんな野球をやっているんですか」

そうなのだ。僕たちに求められているのは、野村野球をベースとして、そこから新しい時代の情報を組み合わせて、さらに発展させることなのだ。そしていま、野球界ではビッグデータ、映像を駆使した相手のスカウティング（偵察・研究）が驚くほど発達している。つまり、そうした要素を組み合わせることで、野村監督の野球は、さらにバージョンアップが可能になっている。

野村野球とビッグデータの組み合わせは、「もう野球には進化できるエリアが残っていないのではないか」という意見に対しても、有効なアイデアを出せるのではないかと思っている。

たしかに、現代野球は進化の頂点に達しているのかもしれない。サイン、戦術といったことは出尽くしているとも言われている。それはそうだ。僕がプロ入りした１９９１年から比較しても、あらゆる意味で進化しているのだから。実際、当時の野村監督がミーティングで、こんなことを言った記憶がある。

「何か新しい作戦はないもんかねえ。誰かがいい作戦を考えてきて、それが採用されたら金一封、賞金を出す」

この野村監督の投げかけからも分かる通り、１９９０年代でさえ、野球における作戦はすべて出尽くしたのではないか？　と言われていた。

しかし時代が変化し、たとえばバントひとつとってみても、まだまだ改善できる余地はあるのではないか、というアイデアも膨らんでいる。

しかも、投手の球の回転数や、打者がボールを弾き返したときの角度の分析などは常識になってきており、これからは映像解析によって、投手のケガの予防だって可能になるかもしれない。ビッグデータ、映像解析というツールを得て、野球を深く知れば知るほど、考えれば考えるほど、まだ進化出来る余地があると感じる。

その意味で、スタッツ、数字、映像を準備してくれる専門スタッフには最大限のリスペクトを払いたい。データ解析を担当するアナリストたちこそが、スワローズの躍進を支えてくれた。きっと、これから「スワローズ・ウェイ」を確立するにあたっても、重要な役割を果たしてくれると信じている。

僕とアナリストたちは、次のようなやり取りをしている。

僕が、試合で気づいたことがあったとする。数字関連のことが多い。それをアナリストに質問すると、ポーンと答えが返ってくるのだ。

冗談でもなんでもなしに、何を質問しても、本当になんでも答えてくれる。とにかく、すごい。

スワローズでは、ベテランの青木、石川が熱心にスタッツを見てプレーに生かしている。青木はメジャーリーグでの経験がそうさせているのだろうし、研究熱心な石川にとって、データは宝物だろう。

僕は外国人選手の獲得のプロセスで、スタッフに映像を探しておくように頼むことも多い。

昔は外国人選手の獲得にあたってはスカウトの目を信じるしかなかったが、いまではアナリストたちの手によって、投手なら、その球種、対右・左打者のデータなどがバーッと出てくる。もちろん、映像も瞬時に見られる。これを生かさない手はない。

可視化できるようになった野村野球

進化出来ると考えるのは、人間が知恵を出す生き物だからだ。もしも、野村監督がいま現役バリバリの指導者だったとしたら、何か新しい戦術、あるいはマネージメント（ローテーションなど）を編み出し、さらに上のレベルの監督になっていたのではないかとさえ思う。それはデータ、情報を扱うのはあくまで人間であり、野村監督はそのエリアで優れた能力をもっていたからだ。

数字や映像は、現象を示す。向こうから語りかけてくるわけではない。読み解く力が必要であり、さらには人間が考えることで、初めてデータが生きてくる。

知恵がなければ、データはただの数字であり、映像にすぎない。「視点」をもっていなければ、情報の渦に巻き込まれるだけである。

現代の野球が面白いのは、上達方法が幅広くなっていることだ。打者であれば、バットを振ってうまくなることは絶対ある。投手であれば、新しい変化球をマスターしようとすれば、実際に投げて試行錯誤しなければ自分の武器には出来ない。成長の源がグラウンドにあることは間違いない。

しかし、現代のプロ野球では映像を見る、あるいは数字を読み込むことで上達できる部分もたくさんあると思う。

曲解して欲しくないが、極端な話、漫然と素振りをしているよりも、目的をもってデータを見ていた方がうまくなれることも絶対にある。

実は僕自身、こうした発想に至ったことに驚いている。野村監督からＩＤ野球を仕込まれたとはいえ、「投げてなんぼ、走ってなんぼ」の世界で生きてきたからだ。ところが、いまは数字や、配球のチャートを見たりするのが僕自身、本当に楽しい。

なぜなら、数字から浮かび上がる仮説があり、それをビデオの映像と照らし合わせながら確認が出来るからだ。

たとえば、試合が終わってから先発投手のチャートを見ながら配球を振り返っていると、

「あれ？」と思うところが出てくる。試合の状況を思い出しながら、何か引っ掛かりというか、ヒントが隠れている予感がするのだ。そして実際にその部分を映像で確認すると、捕手のサインに首を振ったり、プレートを外して間合いを取ったりしていることが分かる。そこに発見がある。

ああ、この場面では投げにくかったんだな、と。

つまり、データと映像を組み合わせることで、投手の心理状態までが浮かび上がる。技術と心理学を組み合わせた野村野球が、いまでは「可視化」できるようになったと思っている。

こうした一つひとつの発見に、僕は興奮する。なんといっても、分析、確認作業をしていると、ときが経つのを忘れてしまう。野球が楽しいから調べているだけなのだ（だから睡眠が浅くなってしまっているのかもしれない）。

現代の分析技術は、発見の宝庫と言っていい。

当然のことながら、僕の場合、投手陣に対する、分析から導き出されたアドバイスの方向性やヒントが無数に浮かび上がってくる。しかし、それを直接選手に伝えるわけではない。

なぜなら、同様の分析を投手コーチたちもやっていて、先発投手たちは、投げた翌朝にはコーチと一緒にモニターの前に座って、細かいところまで話し合いながらレビューを行っているからだ。

だから、僕は技術的な細かいことまでは話さず、コーチたちに任せている。監督がそこまで口を出す必要はない。選手にどうしても伝えたいことがあれば、コーチに話をしたうえで、どうするか判断してもらう。なぜなら、一軍監督の仕事は、どんなことが起きたのか大枠を理解して、次の試合の采配に生かしていくことだからだ。

コーチの意見を積極的に取り入れる

２０２１年のシーズンがいい流れになったのは、僕がすべてのエリアにわたって細かく口を出すのではなく、コーチたちに任せることが重要だと気づいたからかもしれない――と思う。

たとえば、「コーチ会議」の進め方も、シーズンの途中から変えた。

ピッチャー交代や打順の組み方の最終判断、決断を行うのは一軍監督の仕事だ。ただし、決める前段階での相談や意見の交換は、コーチ全員でやった方が効果的だと気づいた。それは主に打順についてである。

僕はピッチャー出身なので、投手のことについては自信をもって判断を下せる。日本シリーズの第３戦以降の継投にも迷いはなかった。ところが、攻撃については知らないことばかりだ。

監督１年目の２０２０年は僕が打順を決め、試合当日の午前中のコーチ会議でスタメンの９人を書いてコーチたちに提示し、選手にはコーチから伝えてもらう方式を採っていた。ところが試合後、３人の打撃コーチから、「こういう方法もありましたかね」とか、「ここに○○を置いたら、こういう作戦も採れました」という意見がポンポン出てきて、三者三様の打順が組めて面白いなと気づいた。これを生かさない手はない。

そこで２０２１年からは、ヘッドコーチを含めた打撃担当の３人が話し合って打順を組み、それを僕に出してもらうようにした。さらには、守備担当のコーチも、誰にどのポジションを守らせるのかアイデアをもっていることが分かり、打撃コーチには「守備コーチとも相談して、意見を上げてきてください」と言うようにした。

２０２１年のシーズン、打順についてはコーチたちとみんなで作り上げる形になったのだ。

この「合議制」が功を奏したのは、開幕早々に好調を維持していた青木宣親が新型コロナウイルスの濃厚接触者とされ、戦列を離れたときだった。

ノリ（青木）がいなくなれば、当然、「２番どうすんのよ」という話になる。いちばんシンプルなのは、全員の打順をひとつずつ上げていくことだった。３番の山田を２番に、４番の村上を３番にする。これはこれで成立しただろう。据わりも悪くない。

ただし、僕には捨て置けないことがあった。スワローズの４番を背負っている村上を、不調で４番から外すならともかく、チーム事情で４番から外すことはしたくなかったのだ。

そこで、まず山田を２番に繰り上げ、３番に誰を入れるかというプランを検討した。だが、誰をどう当てはめてみても、しっくり来ない。

コーチたちが、ハッと気づいた。下位打線を打っていたけれど、好調のムーチョ——中村がいるじゃないかと。中村はミートがうまく、三振が少ない。バントも出来るし、ライト方向にも打てる。中村で行こうと決めた。結果的に、それがうまくハマった。

もし、コーチ会議で「中村２番」というアイデアが出てこなければ、何試合かはもやもやしたまま戦っていたかもしれない。少なくとも、僕のアイデアだけでは、２番中村にたどり着けていたかどうかは分からない。これひとつとってみても、コーチ会議の役割の大きさが分かる。

議論の活性化と意思統一

　プロ野球の世界はグラウンドが勝負の場であり、会議なんてあまりないと思われるかもしれないが、スワローズの一軍は会議が多いし、長いと思う。

　レギュラーシーズン中、コーチ会議は1日に2回開く。まずは試合前の練習に向けて、午前中に行う会議。ここでは、打撃コーチ陣からその日の打順が出てきて、それを確認する。そしてもうひとつは、試合終了直後の会議だ。この会議が、ウチは長い。いや、長くなったのだ。

　試合中のプレーで気になった点をメモしておき、コーチたちに質問する。その疑問が解決した後、2021年からは、「バッティングコーチ、どうでしょう?」とか、「バッテリーコーチ、何か気づいたことはありましたか?」などと積極的に意見を求めるようにした。

　これが良かったと思う。意見を出してもらうようにしてから、議論がかなり活性化し、勝った試合でも、いろいろと反省点が上がってくるようになった。

　勝って反省点が出てくるのが、いちばん望ましい。

　たとえば攻撃では、無死一・二塁でバントのサインを出したけれども、うまくいかなかった。選手の技術の問題ならば練習で解決しつつ、他の選択肢がなかったかを検証する。

投手でいえば、ブルペンからマウンドに上がったばかりのリリーフ投手が四球を出してしまったとき、ブルペンで準備を始めるタイミングは適切だったのか、それともマウンドに上がってからの技術の問題だったのかなどを振り返る。

もちろん、守備、走塁に関してもレビューを行う。

そうなると、長いときで30〜40分はかかるようになった。試合後の会議としては結構長い。そうなると、申し訳ないことに、ユニフォームの洗濯担当のスタッフは、僕たちの会議が終わるのを待たなくてはならない。コーチたちだって、早く食事をしたい、お風呂に入りたいと思うのが普通だろう。それでも、試合が終わってすぐ、記憶が鮮明なうちにコーチたちと話すことが大切なのだ（野村監督のときはもっと長かった）。

もちろん、試合後の会議だけでは解決しないこともあり、担当のコーチが選手に確認を取ることもある。それは翌朝の会議への宿題となる。

２０２１年を戦って感じたのは、スワローズのコーチ陣は本当に前向きに仕事をしてくれているということだ。翌日、僕が球場へ行くと、すでに選手と話し合い、前夜の宿題に明快な答えを用意してくれている。

つまり、試合を起点として、コーチ会議で課題を抽出し、それをコーチが選手たちとの話し合いで確認する。そして試合前の練習で修正出来るところは修正して、試合に臨む。これが僕とコーチたちの１日の流れになる。

その活性化の先に待っていたのは「提案」だ。コーチたちから次々とアイデアが上がってくるようになったのだ。

「いま、〇〇の状態はいいですよ」とか、「相手投手の対策ですが、こういうことをやってみませんか？」というアイデアが会議中だけではなく、試合前のウォームアップの時間にも出てくるようになった。

そういう風通しの良い空気を作れたのは願ったり叶ったりだ。

ただし、議論百出となったときこそ、組織として気をつけなければならないことがある。それは、指導陣の意見が「統一」されているということだ。

組織が活性化してくると、アイデアも増えるので、意見が割れる可能性が出てくるからだ。いちばん避けなければならないのは、コーチの意見が割れ、矛盾したメッセージが選手に伝わってしまうこと。

たとえば、若手投手に対して「初球からどんどんストライクを取りにいけ」とアドバイスするコーチがいる一方で、「初球は慎重にボールから入るように」と助言する別のコーチがいたら、投手は混乱するし、指導陣に対する信頼感も薄れるだろう。

だから、コーチたちとは、きちんとすり合わせをして意思統一を図っている。この点、スワローズのコーチ陣は安心して任せられる。最後の判断は僕がするし、責任も取る。

スワローズがシーズン終盤に向けて尻上がりに調子を上げていけた理由のひとつは、コーチ会議による試合の振り返り、作戦の立案が、選手たちにうまくフィードバックされていったからだと僕は考えている。

第8章　スワローズ・ウェイの完成に向けて

安定した強さとは何か？

これからの大目標を掲げておこう。

２０２２年から向こう数年は、シーズンを通して全力で戦い、７度目、８度目の日本一を目指す。そして１９９０年代から伝わる野村ＩＤ野球をベースとした「スワローズ・ウェイ」を確立し、中長期的に常に日本一を狙えるチームを作る。

つまり、「いま何が必要なのか？」ということと並行して、「5年後に何が必要か？」ということを考えながら仕事をしていく。これまでのスワローズの財産を大切にしつつ、新しい道を作っていくことも必要だ。理想を高くすればするほど、うまく行かないことも増えるだろう。それでも、理想を掲げてそこに向かって取り組んでいく方が僕は好きだ。

それが「黄金時代」を築くことにつながるはずである。

昭和25年、すなわち１９５０年にセ・パの2リーグが成立してから70年以上が経ったわけだが、プロ野球の歴史を紐解いてみると、３つの球団が自他ともに認める黄金時代を築いている。

昭和40年代に日本シリーズ９連覇を達成したジャイアンツ、１９８０年代から１９９０年代にかけてのライオンズは誰もが認める王者だった。２０１０年代のホークスも、球界の盟主的な存在になっていた。

ジャイアンツとライオンズの両球団に共通していたのは、憎たらしいほどの強さだ。周りが「どうやっても勝てない」と思ってしまうほどの強さを誇っていた。ライオンズとは僕も日本シリーズで対戦し、その強さを目の当たりにした。現場にいる人間としては、この両チームのような強さを作ることが究極の目標である。

ジャイアンツ

１９７０年代のジャイアンツに関していえば、長嶋さん、王さんを中心としてメンバーを固定出来ていたのが強さの秘訣だったと思われる。ジャイアンツの９連覇は昭和48年（１９７３年）までだから、記憶にはないはずなのだが、なぜか打順を言える。

（中）柴田、（左）高田、（三）長嶋、（一）王、（右）末次、（遊）黒江、（二）土井、（捕）森　※年によって、打順には若干の変更あり。

メンバーが固定化しており、チームとして完成していたのだと思う。

いろいろな文献や映像を見ると、川上哲治監督は規律を重んじていたようだ。そして参謀役の牧野茂ヘッドコーチが、その規律をグラウンド上で細かく、正確に遂行する方法を熟知していたのだろう。当時の牧野ヘッドコーチのノートを見る機会があったが、すごく細かかった。想像していた通りだった。

当時のジャイアンツは厳しく、緻密な野球をすることで強さを保ち、メンバーを固定化したのは、プレーの精度、成功確率を高めるためだろう。外からは見えない競争が促され、レギュラーも自分の地位に安穏としてはいられず、実力をアップさせていく。

そうしたチームとしての規律が整っているところに、長嶋さんと王さんというプロ野球史に欠かせない大スターがいたのだから強いはずだ。

ライオンズ

では、１９９０年代のライオンズはどうか。

１９９２年、スワローズは初めて日本シリーズで対戦したが、こちらの打順もすらすら言える。

（二）辻、（右）平野、（中）秋山、（一）清原、（指）デストラーデ、（三）石毛、（左）大塚、（捕）伊東、（遊）田辺

1990年代になると、相手投手が左右どちらかによって打者を代える「プラトーン打線」が一般化してきて流動的なところもあったが、先頭の辻さんから下位までの並びは誰もが記憶に残っていると思う。

ライオンズの黄金時代は広岡達朗さん、森祇晶《まさあき》さんというふたりのジャイアンツOBが築いており、基本的には規律、緻密さ、厳しさという共通点があるように見える。そこに秋山さん、清原さんという2枚の大砲がいるところまでジャイアンツとそっくりで、しかも5番にはデストラーデ選手がでんと構えているという盤石の打線である。

シブいところでは、二遊間が辻さんと田辺さんで、これもまた土井さんと黒江さんの巨人の二遊間と「職人肌」というところでも似ている。

ライオンズ黄金時代の青写真は、ジャイアンツのものを応用していた気がする。

１９９０年代のスワローズ・ウェイ

そしてわれらがスワローズも、１９９０年代から２００１年にかけて、ひとつの時代を作ったと思っている。

スワローズは１９７８年に広岡達朗監督の下で初のリーグ優勝、初の日本一、１９９０年代は野村克也監督が采配をふるって４度の優勝と３度の日本一、２００１年には若松勉監督の下で日本一となった。そして、２０２１年は実に20年ぶりの日本一である。

僕は１９９１年に入団し、１９９２年から２００１年までの10年間で、日本シリーズ進出は５度、そのうち４度日本一になっている。このスパンでは圧倒的な数字だ。日本シリーズで強かったことは球団の財産だと思っている。

そして僕が密かに自負しているのは、１９９０年代前半と２００１年では、優勝したメンバーがかなり変わっているということだ。

１９９３年、球団として２度目の日本一になった日本シリーズ第７戦の先発は次のようなオーダーだった。

(中) 飯田、(左) 荒井、(捕) 古田、(一) 広沢克、(三) ハウエル、(遊) 池山、(指) 秦、(右) 橋上、(二) ハドラー

このシリーズの初戦から最終戦までの先発投手は、荒木→西村→伊東→川崎→宮本→西村→川崎の順番だった。

ところがその8年後、2001年に若松勉監督で優勝したときは、ガラッとメンバーが変わっている。バファローズ相手に優勝を決めた第5戦の先発メンバーは次の通りだ。

(中) 真中、(遊) 宮本、(右) 稲葉、(一) ペタジーニ、(捕) 古田、(三) 岩村、(左) ラミレス、(二) 土橋、(投) ホッジス

このシリーズでは、バファローズの本拠地開催の試合は、ラミレスをDHにして、レフトには飯田を入れていた。

先発投手陣は、石井一→藤井→入来→前田→ホッジスで、誰ひとり1993年のメンバーはいない。野手の方でも重なっているのは古田さんだけ。

チームとしては大きな変容を遂げていたにもかかわらず、スワローズは強さを保っていたのだ。このあたりはジャイアンツやライオンズの黄金時代とはちょっと雰囲気が異なるのではないか。つまり新陳代謝に成功し、選手を育てながら違う顔ぶれで日本一になっている。

メンバーが変わっているのにこれだけ勝てたのは、野村監督から仕込まれた「考える野球」がスワローズに定着していたからだ。相手の研究を怠らず、万全の準備をしてから試合に臨む。これは若松監督になってからも継続していた。

当時のスワローズの発想が現在にも通用すると気づいたのは、2022年のキャンプインを前に、古田さんと練習の打ち合わせをしたときだった。

古田さんの視点

古田さんとは、2021年の日本シリーズ第5戦、6回表バファローズの攻撃時のスワローズの守備シフトについて、ひじょうに興味深い議論が起きた。

このイニング、二死一・二塁の場面で、左打者のT－岡田選手を迎えることになり、僕は先発の原樹理から左腕の田口にスイッチした。が、ライト前ヒットを打たれ、二塁走者の吉田正選手がホームイン。ただ、T－岡田選手が一・二塁間に挟まれ、その間に本塁を狙った一塁走者の杉本選手がアウトになった。

終わってみれば、それほど傷口が広がらず、１点に抑えられたと見ることも出来るが、古田さんの視点は違った。

「あのときの内野の守備隊形、もっと攻めても良かったよね」

そのときの隊形は、一塁ランナーがいるので、一塁手はベースについている。長打を警戒しなければならないので、三塁手は三塁線をケアしていた。

ここまでは当然だが、問題なのは二塁手と遊撃手のポジショニングだった。右方向への打球が多いＴ－岡田選手の特性を考えると、二塁手は一塁寄り、遊撃手は定位置よりもかなりキャンバス寄りに守る、「攻める守り」で良かったのではないか。

これが古田さんの指摘だった。

「そう守っておけば、自然と配球も決まってくるよね」

僕はピンと来た。これが１９９０年代の「スワローズ・ウェイ」なのだ。

僕が古田さんとバッテリーを組んでいた時代、走者を一塁に背負ったら、ショートを守る宮本慎也には細かいところまで守備位置を指示していた。

たとえば、相手の右打者にシンカーを引っ掛けさせてショートゴロを打たせるプランだったら、二遊間にゴロが行くことはほとんどないので、三遊間をケアしておいてくれとコミュニケーションを取っていた。実際に、プラン通りにダブルプレーを取ったことが幾度となくあった。

そんな細かいところまで追求し、野手を動かし、細心の配球、コントロールを駆使して打ち取る。この投球術、守備シフトの原点は野村監督の言葉にある。

野村監督は僕にこんな宿題を出した。

「ランナー一塁、2バウンドで宮本が捕球してゲッツーを取れる配球を考えてみい」

僕と古田さん、そして内野陣が一緒になって、野村監督が頭に描いているダブルプレーを実現させていた。

もし、現代の充実したデータがあったとしたら——スワローズは無敵だったのではないか。

古田さんが指摘した2021年の日本シリーズ第5戦の6回表に関していえば、いまのスワローズの守備、配球は1990年代に及ばないことになる。

たしかに、いまのスワローズを考えると、石川などは別格として「この打者に対してはここを狙い、この球種でコントロールして、特定の場所に打たせる」といった芸当が出来る投手はそうはいない。どちらかといえば、全力で投げる方に意識が向いていて、投球や配球の奥深いところまでは到達できていない。

それは監督として悔しい。僕としては同じレベルまでスワローズのレベルを上げられれば、再び黄金時代を築くことが出来るはずだと思っている。

そのためには何をしていけばいいのか？　いまはコロナ禍で全体ミーティングを開くことさえままならないが、バッテリー・ミーティングに内野陣を加えるとか、地道なところから始めていこうと思っている。

守備シフトの考え方

古田さんの指摘は、守備ひとつを取ってみても、まだまだ発展の余地があることを示している。

僕が監督になって、スワローズは極端な守備シフトを取ることが増えた。*　一例を挙げれば、一死二塁の場面があったなら、二遊間を極端に狭くしたうえで、センターを深く守らせる。

相手の左打者のデータを見て、引っ張る傾向が強ければ、三遊間を守る選手をひとりにするようなことも厭わない。

基本的に守備シフトはコーチたちから提案が上がってきて、それを「どんどんやっていいよ」という形で承認している。コーチたちは相手打者のデータ、資料を見て、長打を防ぐために最良のシフトを考えている。

常識的な範囲でいえば、足の速いバッター相手に2ストライクを取って追い込んだとしたら、三振したくないのでバットに当てに来る。そうなると内野へのボテボテの打球が増えるので、全体的に前に出るシフトを取る。「あのとき、1歩前に出ていたら内野安打は防げたよね」ということは極力回避したいからだ。

そのかわり、強い打球を打たれ、野手の間を抜けていくのは仕方がない。あくまで、傾向と確率を計算したうえで、最良のことを準備したといえるからだ。

詳しくは書けないが、スワローズの場合は試合前のミーティングでコーチたちと方針を確認したうえで、カウントごとにシフトを変えている。あくまで最良のオプションを探しているのだ。

そうしたシフトの裏をかいて、セーフティバントをされることもある。２０２１年のシーズンでは、巨人の丸佳浩選手がバントを成功させて出塁した。でも、それでぜんぜん構わない。結果的に長打を防げているのだから。スワローズのシフトが、相手打者にプレッシャーをかけ、それが成功したと僕は見る。

外野のシフトは研究途上

　こうして、内野守備に関してはいい準備が出来るようになってきたが、難しいのが外野のシフトである。

　かつて、王貞治さんの全盛期には、カープのスタッフが考えた「王シフト」が敷かれた。野手を極端に右に寄せるシフトだ。

　これは王さんの打球が右方向に偏っていたからだが、スラッガーにも様々なタイプがいる。メジャーリーグには、かつてのデビッド・オルティーズ（レッドソックスなどで活躍）のように、極端なプルヒッターが多いが、日本人はそうでもない。大谷翔平選手（エンゼルス）はレフト方向への打球が多いし、スワローズでいえば、２０２１年の本塁打王になった村上もレフト方向へのホームランが多い。

　もしも、村上が敵軍にいたとしたら、外野の守備はどうすればいいのか、考えてしまう。基本的にはプルヒッターだから、センターの守備位置を右に寄せたくはなる。それと一緒に、レフトも真ん中寄りに守らせたくなるのだが、村上の場合、三塁線を抜く打球も多く、これが外野フェンスまで到達すると、二塁打ではなく三塁打になってしまうリスクが生まれる。

内野は狭いエリアを4人で守るから正解に近い答えが出せる。ところが、外野は広い。広いところを3人で守るのだから、偏ったシフトを敷くと、リスクだけが高まってしまう。こう考えると、まだまだ野球には発展の余地が残されている。

制球力と知恵の組み合わせがスワローズ・ウェイに

守備シフトは、配球にも関わってくる。守備シフトが生かせるのも、投手の配球術、制球力があってこそだ。

守備シフトを決めるとき、ある程度は投手の配球パターンを頭に入れておく。奥川だったら、この球種をもっているから、あのあたりに球が飛ぶだろうな……という発想である。しかし、投手も千差万別、タイプが異なる。勝負する軸が違うのである。

投手は、持ち球によって勝負軸が「高低」「左右」とふたつあり、それに加えて「緩急」による時間軸もあるのだ。

僕が現役のときは、サイドスローということもあり、「左右」で勝負していると思われていたかもしれないが、絶対的に「高低」で勝負するタイプだった。

実は、横から投げる投手は左右の制球に関してはブレやすい。リリース地点が数ミリ違えば、キャッチャーミットに収まるときには数十センチの差が生まれることもある。そのかわり、高低のコントロールに関しては大きく間違えることはない。

制球の良し悪しは、持ち球によっても変わってくる。

シンカーやシュート回転のボールを使う投手は、基本的に球が低めに集まりやすい。なぜなら、回転系の球種はリリースの瞬間まで指先を使っているので、高低のコントロールがつけやすいからだ。自分が考えていること、狙っていることを最後の最後まで、指先で伝えることが出来る。

反対に、制球が難しいのはフォークのように指から抜いて投げる球だ。こちらは指先が使えない。フォークがすっぽ抜けて高めに浮いたボールをホームランにされることがよくあるが、これは指先で調整が利かない球種という要素も大きい。

制球面でのリスクは高いのだが、フォーク、チェンジアップには大きな利点がある。このふたつの球種は、基本的にストレートと同じ腕の振りなので、打者からすれば見分けがつきにくい。制球は難しいけれど、両球種ともに高低に加え、時間軸で揺さぶりをかけられるので、打者を惑わせるには大きな武器になるわけだ。

プロで新しい球種にチャレンジする場合は、こうしたイメージをもつことが大切だ。相手を三振に取りたいのか。それとも、ゴロ、あるいはフライでアウトに打ち取りたいのか。スワローズの投手の場合、神宮球場が狭い方なので、必然的にゴロアウトを取る球種を身につけた方がいい。具体的なイメージをもってチャレンジしていけば、可能性は大きく広がる。

投手の指標

強い投手陣を作るために、僕はうまくデータを使っていきたいと思っている。すでに書いたが、僕はデータを見るのが好きなので、メジャーリーグで一般化されている指標をスワローズに当てはめて考えるようにしている。

リリーフ投手で重視しているのは「WHIP」という数値だ。これは1イニングあたり(per inning)、Walk（四球）とHit（文字通りヒット）を合わせて何人の打者を出塁させたか、という指標だ。

たとえば、9回にクローザーが投げて0点に抑えたけれど、1安打を打たれ、1四球を与えてしまったとする。その場合、ふたりの走者を出したのでWHIPの数字は「2」となる。

実は2という数字は大きすぎる。一流どころの投手だと、1を切り、零コンマいくつという数字になる。０点台はかなり難しいが、クローザー、セットアッパーは限りなく1に近い数字であって欲しい。

ちなみに、僕が２００４年にシカゴ・ホワイトソックスで19セーブをマークしたシーズンのWHIPは０・９７９だった。これくらいの数字を残していたからこそ、監督のオジー・ギーエンも信頼して起用してくれていたのだろう。

それと僕が重視しているのは、イニングの先頭打者を出す確率だ。やはり、ノーアウトで走者を出すと、失点の確率は高まる。そこをどう抑えるか。スワローズの投手ミーティングでは、先頭打者を意識して打ち取っていきましょうという話をしている。

こうした意識付けで、選手たちは本当に変わる。バッテリー力の向上は、こうした言葉から始まると僕は信じている。

投手は「ジコチュー」でもいい

セイバーメトリクス（データを統計学的に分析し、選手の評価や戦略などに生かす手法のこと）はプロ野球の世界をたしかに変えた。僕もこうして活用している。それでも、数値に気を取られ過ぎると、野球の本質から離れてしまうリスクがあると思っている。

プロの世界では対戦相手のデータをしっかりと分析し、バッテリーで勉強会を開き、映像も見てから試合に臨む。相手打者の強いゾーン、弱いゾーン、そして現在の調子まですべて頭に入れてから対戦する。

それでも僕は、ピッチャーは「ジコチュー」でいいと思っている。マウンドに上がったその日、ストレートが走っていると思ったら、それでグイグイと押していく。フォークのキレがあるのなら、決め球にフォークを投げられるようにカウントを整えていけばいい。

特に先発投手は6回、7回と投げてゲームを作っていくわけだから、自分が自信をもって投げられる球を見極めるところからスタートしていけばいいのだ。

日本シリーズでは、バファローズの山本投手が、そうした投球をしていた（改めてこう書くと、相手に感心している場合ではないと思う。自戒）。

極端な話、データや数字を活用するのは、ピンチのときだけでいい。ランナーが溜まった場面や、僅差で終盤となり、ランナーがいない状況でも4番を打席に迎えるとなったら、頭に叩き込んだデータを引っ張り出して配球を組み立てればいいのだ。

そこからがプロの対決の醍醐味だ。プロの打者は、カウントによって打ち方を変えてくる。

だったら、スワローズ・バッテリーは、カウントによる相手の傾向を念頭に置いて配球を決めていく。知恵で上回る。それこそがスワローズ・ウェイの原点である。

勝負の分かれ目は5回、6回

たったいま、知恵こそが原点と書いたが、ダグアウトにいるとき、監督、コーチは試合を観察し、ここぞという場面で知恵を働かせるのが仕事である。

いまの段階では明かせないが、CSのジャイアンツ戦では、あるコーチの提案によって、相手の裏をかいた場面があった。意見を出しやすい、風通しのいい雰囲気を作っておけば、知恵で勝敗は入れ替わる。

ただし、試合の主人公は選手たちだ。ベンチの采配が影響してくるのは、試合中盤で同点、あるいは僅差の展開になったとき。そうした試合は是が非でもモノにしなければならない。

その意味で、レギュラーシーズンを戦ううえでは、先発は6回3自責点以内の「クオリティスタート」で構わない。ゲームを作ってくれれば、勝つチャンスは高められる。

長年、野球を見ていると、勝負の分かれ目は、実は5回、6回にやってくることが多いのに気づく。打順も3回り目に入ってくるし、投手も疲れてくる。さらに5回終了後、神宮球場ではグラウンド整備と、「つば九郎の空中くるりんぱチャレンジ」もあり、試合の流れが少し止まる時間帯でもある。

リードしていて、あるいは同点の局面で、6回をどう乗り切るか、監督としては決断を迫られることが増えてくるのだ。

２０２１年の場合、7回までたどり着けば今野、清水、マクガフという投手リレーで固まっていたので、迷うことはなかった。先発が6回まで投げ切ってくれれば、万々歳。しかし、5回、6回にピンチを迎えた場合の采配は知恵の出しどころだった。

２０２１年は、中盤のピンチで星知弥や梅野雄吾がしっかりと抑えてくれたことを思い出す。この中盤のピンチをしのげれば、勝つ確率はグンと上がる。

反対に中盤をもちこたえられなければ、いくら7回以降のリリーフ陣が充実していても宝のもち腐れとなり、敗戦、連敗といった流れになってしまいかねない。

今後、強いスワローズを作っていくためにも、「ミドルリリーバー」の充実を心がけていきたい。意外と見過ごされがちなのだが、ミドルリリーバーの重視はチームを分厚くすることにつながるはずだ。

雰囲気作りのマネージメント

僕がいわゆる中継ぎ陣を重視するのは、彼らがピンチを抑えれば、ダグアウトの雰囲気が終盤に向けてグッと盛り上がるからだ。

これまで野球についていろいろと考えて書いてきたが、僕の原点は「楽しく野球をする」ことにある。プロなのに、そんなことを言ってる場合なのかとツッコミが入りそうだが、楽しくやった方が、仕事のパフォーマンスが上がるのは間違いないと思う。

だからこそ、僕は２０２１年のシーズン後半、ダグアウトで選手たちが感情を爆発させるのがうれしかった。僕はそれでいいと思っていたし、ベテランの青木、石川、川端らも笑顔で若手の感情表現を受け止めていた。雰囲気作りにおいて、彼らの果たした役割はすごく大きい。おそらく、２０１９年までとは違う雰囲気になっていたはずだ。

もともと、スワローズにはダグアウトで面白いことを言う遺伝子が、僕が現役時代からあった。いまは、移籍してきた嶋基宏が結構面白いことを言っている。すると、どういうことが起きたか？　嶋は捕手でもあり、観察眼が優れている。さすがはイーグルスの野村門下生だ。試合中も相手バッテリーの配球を頭に入れているので、村上や塩見といった若手が嶋に意見を求めるようになっていた。

これは、僕の理想としているダグアウトに近い。

勝てなかった時期は、選手たちがダグアウトで萎縮していた気がする。負けが込んでくると、面白いことを言おうとする雰囲気もなくなるだろうし、選手同士での意見の交換、知恵を授けるような雰囲気も失われてしまう。活気のあるダグアウトは、間違いなくチームを強くする。それがスワローズの在り方だ。

ムードが沈み、失敗のプレッシャーに変換されてしまうと、組織としてダメだ。バッターがここで打てなかったら……、ピッチャーがここで打たれたら……とか考えて萎縮してしまったら、絶対に楽しくない。

とにかく、選手たちにはメンタル面もヘルシーな状態でプレーして欲しい。

指導陣が選手たちを練習で消耗させ、言葉で消耗させて試合を迎えたら、絶対に大丈夫ではない。体と心を整え、チーム全体でポジティブな雰囲気を出してこそ、勝利に向けての準備が整う。だからこそ、試合前は出来るだけネガティブな言葉は使わないように気をつけていたし、選手たちの元気が湧いてくるような、自信をもって戦えるような言葉を探していた。それが「絶対大丈夫」につながったのだ。

外からは分からないこと

前向きな雰囲気は、一朝一夕に出来るものではない。何より、選手たちが自信をもたなければ無理だ。

２０２１年のシーズン、その変化を知っていたのは、僕たちだけだったのかもしれない。

振り返ってみれば、シーズン前の下馬評も低かった。ほとんどが5位か、6位。２０２１年の日本シリーズは前年度最下位に終わったチーム同士の対決ということで話題を集めたが、そこでもバファローズの優勢を予想する人が多かった。たぶん、みなさんは僕たちの変化に気づけていなかったのだ。

それはなぜだろう？　と考える。僕は新聞やテレビの情報は出来るだけ集めようとしているし、時間があればYouTubeの野球関係の動画を目にすることもある。そこで感じたのは、「ダグアウトで起きていることは、外部の人には分からないものなんだな」ということだ。

たとえば、日本シリーズの采配だけを取ってみても、「奥川を第6戦の先発にした方がいいんじゃないか？」という意見もあったし、第1戦で逆転負けを喫した時点で、「クローザーのマクガフは交代した方がいいのではないか？」という話も耳にした。

しかし、あの場面はマクガフ以外考えられない。そう戦うと決めていたからだ。シーズンを通して信頼してきたこと、それがチームに安定をもたらしていたこと、そうした積み重ねがあったからこその判断である。それが「スワローズの内部事情」だ。

これまで書いてきたように、現場の判断はまったく揺るがなかった。日本シリーズの投手起用についていえば、「こう戦う」という姿勢を最後まで貫き通した。評論家の人たちは、スワローズのこの覚悟を知る術はない。

ユニフォームを着ている人間しか知ることの出来ない内部事情があるのだ。

そう思うと、野球の見方も変わってくる。相手の采配にも「何か内部事情があるんだろうな」と思うようになる。

たとえば、ＣＳファイナルステージでの第２戦、菅野投手が西浦を敬遠したのは、原監督、そしてジャイアンツ全体にそう決断するに足る「理由」があったのだと思う。

バファローズとの日本シリーズでも、投手交代や代打のタイミングを見て、「ここでこの札を切ってくるのか」と驚いたことがあった。それも、バファローズのダグアウトではきちんとした根拠があっての作戦なんだろうな、ということは理解できた。

監督として２シーズン、そしてＣＳ、日本シリーズという修羅場を戦ってみて分かったのは、チームの内側でしか分からないことがたくさんあり、それが積み重なって結果に至るということだ。

すべての采配には、理由がある。

日本シリーズのローテーションを考えるのもそうだし、無死一塁の場面を迎えたときに採る戦術には必ず理由が付随している。

スワローズには奥川が第1戦に先発する理由があり、中村悠平を6番に置く内部事情があるのは、この本の読者のみなさんならもうご存じのはずだ。

すべての監督は、棋士のように何手も先を読みながらベストのチョイスをその場でしている。

評論家の人たちはそうした現象を「点」で見るだろうが、チームの内部には1年を通して苦楽を共にしてきたという「線」がある。

そんな複雑な線を読んでいくスポーツだからこそ、プロ野球は面白い。ファンのみなさんも内部事情を想像しながら采配を考えると、より楽しめるし、より深く野球を理解出来るだろう。

思うに、野村監督は解説者としても「線」を重視していたのではないか。その場の現象を読み解くだけではなく、それまでのプロセスにもしっかり目配りしていた。バッテリーと打者の対戦であれば、前の打席のヒット、アウトにつながった球種を「結果球」と呼び、それが次打席の配球や、打者の発想に影響を与えると解説していた。

つまり、すべてのサイン、指示にはそれなりの理由があるということだ。プロ野球は結果の積み重ねであり、そこから仮説や類推が生まれ、作戦へとつながっていく。戦うときには、「相手の事情」を可能な限り考えたうえで、僕は方針を固めたい。

すべての采配に理由があるとするなら、理論を突き詰めれば限りなく勝つ確率を高めることが出来ると僕は信じる。

それがスワローズ・ウェイなのだ。

＊メジャーリーグでは、２０２３年から二塁ベースを挟んで、両側にふたりの野手を配置しなければならなくなった。極端なシフトに制限をかけることになり、将来的には日本にも影響があるかもしれない。

エピローグ

２０２２年のシーズンに臨むにあたって、僕が課題として考えているのは成績の「安定」だ。

僕は１９９１年にスワローズに入団し、日本一を４度経験しているが、連覇というものがなかった。１９９０年代から僕が在籍していた間のリーグ成績はこのようになっている（カッコ内は日本シリーズの結果）。

１９９１年　３位
１９９２年　優勝（対ライオンズ　３勝４敗）

1993年　優勝（対ライオンズ　4勝3敗）
1994年　4位
1995年　優勝（対ブルーウェーブ　4勝1敗）
1996年　4位
1997年　優勝（対ライオンズ　4勝1敗）
1998年　4位
1999年　4位
2000年　4位
2001年　優勝（対バファローズ　4勝1敗）
2002年　2位
2003年　3位

ご覧のように日本一になった翌年は4位とBクラスになってしまうことが3度もあり、スワローズの「隔年現象」はメディアでもよく取り上げられた。

たしかにセ・リーグ各球団の戦力は拮抗していたとは思う。1990年代は戦力充実のジャイアンツと優勝を争うことが多かったし、１９９８年はベイスターズが勢いに乗って日本一になった。

ただし、なぜ優勝と4位が繰り返されたのか、監督となったいまでも「謎」なのである。

もちろん、主力選手がいなくなったシーズンもあった。それでも、なぜ勝てたのか、なぜ負けたのか、明確な理由が思い浮かばない。なぜなら、やっている野球はまったく変わらなかったからだ。

しかも、ダグアウトには野村監督がいて、キャッチャーを務めていたのは古田さんである。これだけの人材がいて、なぜ成績が上下していたのか分からない。

野村監督の名言に「勝ちに不思議の勝ちあり、負けに不思議の負けなし」というものがあるが、僕としてはこの順位変動はなんとも不思議なのだ。

僕としては、ここから学びを得たいのだが、結論どころか、仮説も浮かんでこない。２０２２年のシーズンを迎えるにあたっても、「去年はこうやったから」という前例は役に立たないと思っている。つまりは、ゼロからのスタート、もう一度チームを作り直して、優勝を目指すしかない。

スワローズ・ウェイの完成に近づくためにも、安定した結果を残せる鍵を見つけたいと思う。

それでも、すべてがゼロからの出発になるわけではない。監督に就任し、1年目と2年目で、自分のなかで明らかに変化が起きたのは「熱」であり、「言葉の強さ」だった。

1年目は、どちらかといえば観察に重きを置いていた。二軍で育成にあたっていた選手も多かったとはいえ、「どんなマインドセットでプレーしているんだろう?」と選手たちを見ていた気がする。

2年目を迎え、チームの成績が向上してきたところで、選手たちを励ます言葉が自然とあふれてくるようになり、自分の感情、熱も外へと表現されることを求めるようになった。その延長線上で、「絶対大丈夫」という強い言葉が浮かんだのだと思う。

そして3年目、２０２２年に関しては、「謙虚」という言葉を大切にしていきたい。

今年もまた、新しいシーズンが始まる。日本一になったことは素晴らしいことだし、自分たち、ファンのみなさんの記憶にも永遠に刻まれる。神宮球場にはチャンピオンフラッグがひるがえり、前年の栄光を思い出すこともあるだろう。しかし、２０２２年の成功が約束されているわけではない。

「新しいスワローズ」を作る気持ち、そうした覚悟をもってシーズンを戦っていきたいと思う。

ここまで、スワローズの監督として僕がどういう体験をしたか、そしてどんなことを考えて指揮を執ってきたかを書いてきた。

この本を読んで、ひとりでも多くの方がスワローズを応援するようになったり、もっと熱心にチームを見守っていただいたり、あるいはより深く野球のことを考えてくれるようになったら、僕としてはうれしい。

野球は考えれば、考えるほど面白い。

そう教えてくれたのは、野村克也監督だった。優勝して臨む新しいシーズン、こんな監督の言葉が思い出される。

「監督が思っていることはすべて選手たちにバレているし、選手たちは監督が何を考えているかずっと観察しているんだよ」

たしかにそうなのだ。僕の現役時代もそうだったし、いまの選手たちもそうだと思う。だから、監督としては見られていることを意識してダグアウトに座っている。

僕は野村監督に育てられたし、いまは選手たちを育て、そして選手たちに育ててもらっている。

だからこそ、僕に関わってきた野球人のみなさんに御礼を言いたい。

感謝、感謝、感謝。

２０２２年４月

東京ヤクルトスワローズ監督　高津臣吾

クライマックスシリーズ　ファイナルステージ

日付	球場	対戦チーム	勝敗	スコア	勝ち投手	セーブ投手	負け投手
11／10	神宮	ジャイアンツ	○	4·0	奥川		山口
11	神宮	ジャイアンツ	○	5·0	高橋		菅野
12	神宮	ジャイアンツ	△	2·2			

日本シリーズ出場決定

日本シリーズ

日付	球場	対戦チーム	勝敗	スコア	勝ち投手	セーブ投手	負け投手
11／20	京セラ	バファローズ	●	4·3	比嘉		マクガフ
21	京セラ	バファローズ	○	0·2	高橋		宮城
23	東京	バファローズ	○	5·4	石山	マクガフ	吉田
24	東京	バファローズ	○	2·1	石川	マクガフ	増井
25	東京	バファローズ	●	5·6	山岡	平野	マクガフ
27	ほっともっと	バファローズ	○	1·2	マクガフ		吉田

20年ぶりの日本一

日付	球場	対戦チーム	勝敗	スコア	勝ち投手	セーブ投手	負け投手
10／1	マツダ	カープ	○	4·5	今野	マクガフ	ケムナ
2	マツダ	カープ	○	5·9	高梨		高橋昂
3	マツダ	カープ	○	1·4	今野	スアレス	島内
5	神宮	ジャイアンツ	○	3·2	小川	マクガフ	髙橋優
6	神宮	ジャイアンツ	○	3·0	サイスニード	マクガフ	メルセデス
7	神宮	ジャイアンツ	○	1·0	マクガフ		ビエイラ
8	神宮	タイガース	○	4·1	奥川	マクガフ	髙橋遥
9	神宮	タイガース	●	1·2	アルカンタラ	R.スアレス	今野
10	神宮	タイガース	○	6·4	田口	マクガフ	アルカンタラ
12	バンテリン	ドラゴンズ	●	3·2	柳	マルティネス	清水
13	バンテリン	ドラゴンズ	○	1·3	サイスニード	マクガフ	松葉
14	バンテリン	ドラゴンズ	△	1·1			
15	神宮	ジャイアンツ	○	8·7	大下	マクガフ	高梨雄
16	神宮	ドラゴンズ	●	3·5	ロドリゲス	マルティネス	石川
17	横浜	ベイスターズ	○	3·7	金久保		京山
19	甲子園	タイガース	●	11·0	青柳		奥川
20	甲子園	タイガース	△	0·0			
21	神宮	カープ	●	7·11	コルニエル		田口
22	神宮	カープ		中止			
23	東京	ジャイアンツ	●	11·1	菅野		石川
24	神宮	ジャイアンツ	○	6·4	原	マクガフ	戸郷
26	横浜	ベイスターズ	○	1·5	高橋		今永
29	マツダ	カープ	●	4·1	九里	栗林	小川
11／1	神宮	カープ	●	7·9	塹江	栗林	吉田

優勝決定

日付	球場	対戦チーム	勝敗	スコア	勝ち投手	セーブ投手	負け投手
24	静岡	ドラゴンズ	○	2･1	今野	マクガフ	福谷
25	静岡	ドラゴンズ	△	3･3			
27	東京	ベイスターズ	●	0･4	京山		奥川
28	東京	ベイスターズ	△	2･2			
29	東京	ベイスターズ	○	5･2	原		今永
31	岐阜	ジャイアンツ	●	10･8	鍵谷	ビエイラ	坂本
9／1	京セラ	ジャイアンツ	●	2･0	菅野	ビエイラ	高橋
2	京セラ	ジャイアンツ	△	2･2			
3	東京	カープ	○	3･1	スアレス	マクガフ	大瀬良
4	東京	カープ	●	2･4	高橋昂	栗林	サイスニード
5	東京	カープ	●	1･6	床田		田口
7	甲子園	タイガース	○	0･12	奥川		青柳
8	甲子園	タイガース	●	5･3	小川一	R.スアレス	小川
9	甲子園	タイガース	○	3･13	高橋		高橋遥
11	神宮	ベイスターズ	○	9･2	サイスニード		京山
12	バンテリン	ドラゴンズ	●	9･5	又吉		清水
13	バンテリン	ドラゴンズ	●	1･0	小笠原	マルティネス	石川
14	神宮	タイガース	△	4･4			
15	神宮	タイガース	○	1･0	小川	マクガフ	伊藤
17	東京	ジャイアンツ	○	2･8	奥川		高橋優
18	東京	ジャイアンツ	△	6･6			
19	神宮	カープ	○	5･1	原		高橋昂
20	神宮	カープ	△	2･2			
21	横浜	ベイスターズ	○	2･5	スアレス	マクガフ	坂本裕
22	横浜	ベイスターズ	○	1･2	清水	マクガフ	エスコバー
23	横浜	ベイスターズ	○	2･4	サイスニード	星	石田
24	神宮	ドラゴンズ	○	3･0	高梨	マクガフ	大野
25	神宮	ドラゴンズ	△	0･0			
26	神宮	ドラゴンズ	○	16･0	石川		小笠原
28	神宮	ベイスターズ	○	4･0	奥川		東
29	神宮	ベイスターズ	●	5･7	三嶋	平田	小川
30	神宮	ベイスターズ	●	6･7	エスコバー	三嶋	マクガフ

日付	球場	対戦チーム	勝敗	スコア	勝ち投手	セーブ投手	負け投手
12	PayPay	ホークス	○	2・4	小川	マクガフ	板東
13	PayPay	ホークス	○	4・6	高橋	マクガフ	和田
18	神宮	ドラゴンズ	○	5・2	石川	マクガフ	柳
19	神宮	ドラゴンズ	●	3・7	小笠原		小川
20	神宮	ドラゴンズ	○	2・1	奥川	マクガフ	勝野
22	マツダ	カープ	○	1・6	田口		大瀬良
23	マツダ	カープ	○	5・8	大西	マクガフ	九里
24	マツダ	カープ	○	1・4	高橋	マクガフ	高橋昂
25	神宮	ジャイアンツ	●	1・7	メルセデス		石川
26	神宮	ジャイアンツ	●	3・10	戸郷		小川
27	神宮	ジャイアンツ	●	2・5	髙橋優	ビエイラ	スアレス
29	甲子園	タイガース	●	5・3	青柳	R.スアレス	田口
30	甲子園	タイガース	△	2・2			
7／1	甲子園	タイガース	○	1・6	清水		R.スアレス
2	バンテリン	ドラゴンズ	○	3・9	大西		柳
3	バンテリン	ドラゴンズ	○	1・5	小川		小笠原
4	バンテリン	ドラゴンズ	△	3・3			
6	神宮	タイガース	●	1・5	青柳	R.スアレス	田口
7	神宮	タイガース	○	6・4	清水	マクガフ	齋藤
8	神宮	タイガース	●	5・6	馬場	R.スアレス	清水
9	神宮	カープ	○	4・3	吉田		フランスア
10	神宮	カープ	●	0・5	大道		原
11	神宮	カープ		中止			
13	東京	ジャイアンツ	○	6・14	奥川		サンチェス
14	東京	ジャイアンツ	○	7・11	スアレス		今村
8／14	新潟	ベイスターズ		中止			
15	新潟	ベイスターズ	○	1・4	奥川	マクガフ	今永
17	松山	ジャイアンツ	○	13・3	今野		今村
18	松山	ジャイアンツ	●	2・3	畠	ビエイラ	石山
20	マツダ	カープ	●	5・4	塹江	栗林	田口
21	マツダ	カープ	○	3・8	サイスニード		大道
22	マツダ	カープ		中止			

日付	球場	対戦チーム	勝敗	スコア	勝ち投手	セーブ投手	負け投手
2	横浜	ベイスターズ	●	8・7	山﨑	三嶋	清水
4	神宮	タイガース	●	5・11	岩貞		近藤
5	神宮	タイガース	△	2・2			
7	東京	ジャイアンツ	○	4・6	金久保	石山	中川
9	東京	ジャイアンツ	●	7・5	高梨雄		石山
12	神宮	カープ	△	0・0			
13	神宮	カープ		中止			
14	バンテリン	ドラゴンズ	○	1・4	今野	石山	勝野
15	バンテリン	ドラゴンズ	○	0・5	小川		福谷
16	バンテリン	ドラゴンズ	△	2・2			
18	甲子園	タイガース	○	3・14	サイスニード		西勇
19	甲子園	タイガース	●	3・1	西純	R.スアレス	田口
20	甲子園	タイガース		中止			
21	神宮	ベイスターズ	●	3・5	山﨑	三嶋	石山
22	神宮	ベイスターズ	○	1・0	小川	マクガフ	濱口
23	神宮	ベイスターズ	○	10・5	スアレス		今永
25	神宮	ファイターズ	●	2・4	上沢	杉浦	金久保
26	神宮	ファイターズ	○	4・3	田口	マクガフ	加藤
27	神宮	ファイターズ	○	5・2	奥川	マクガフ	池田
28	京セラ	バファローズ	●	9・2	山本		バンデンハーク
29	京セラ	バファローズ	○	4・7	小川	マクガフ	田嶋
30	京セラ	バファローズ	●	8・7	富山	K－鈴木	石山
6／1	神宮	イーグルス	○	7・4	大西	マクガフ	酒居
2	神宮	イーグルス	●	1・3	則本	松井	田口
3	神宮	イーグルス	●	2・4	瀧中	松井	サイスニード
4	神宮	ライオンズ	○	10・1	石川		髙橋光
5	神宮	ライオンズ	●	3・6	宮川	平良	マクガフ
6	神宮	ライオンズ	○	9・6	今野	マクガフ	宮川
8	ZOZO	マリーンズ	●	7・4	二木	益田	奥川
9	ZOZO	マリーンズ	○	3・5	田口	マクガフ	岩下
10	ZOZO	マリーンズ	●	2・1	唐川	益田	清水
11	PayPay	ホークス	○	0・1	石川	マクガフ	石川柊

2021シーズン　全試合戦績

日付	球場	対戦チーム	勝敗	スコア	勝ち投手	セーブ投手	負け投手
3／26	神宮	タイガース	●	3・4	加治屋	R.スアレス	清水
27	神宮	タイガース	●	5・9	青柳		田口
28	神宮	タイガース	●	2・8	ガンケル		奥川
30	横浜	ベイスターズ	○	4・5	長谷川	石山	山﨑
31	横浜	ベイスターズ	○	3・5	高梨	石山	入江
4／1	横浜	ベイスターズ	△	11・11			
2	東京	ジャイアンツ	○	0・2	小川	マクガフ	野上
3	東京	ジャイアンツ	△	2・2			
4	東京	ジャイアンツ	●	2・1	今村	デラロサ	坂本
6	神宮	カープ	●	0・2	森下		スアレス
7	神宮	カープ	○	3・2	マクガフ	石山	森浦
8	神宮	カープ	○	11・7	奥川		中村
10	バンテリン	ドラゴンズ	△	2・2			
11	バンテリン	ドラゴンズ	●	2・1	小笠原	祖父江	田口
13	神宮	ベイスターズ	○	5・1	スアレス		大貫
14	神宮	ベイスターズ	○	7・3	金久保	石山	入江
15	神宮	ベイスターズ	○	2・1	高梨	石山	濵口
16	甲子園	タイガース	●	2・0	藤浪	R.スアレス	石川
17	甲子園	タイガース		中止			
18	甲子園	タイガース	●	10・7	ガンケル	R.スアレス	小川
20	マツダ	カープ	○	1・2	田口	石山	森下
21	マツダ	カープ	△	1・1			
22	マツダ	カープ	○	4・7	マクガフ	石山	塹江
23	神宮	ドラゴンズ	○	6・4	今野	清水	谷元
24	神宮	ドラゴンズ	○	4・3	坂本		マルティネス
25	神宮	ドラゴンズ	○	4・3	小川	石山	小笠原
27	神宮	ジャイアンツ	●	11・14	中川		石山
28	神宮	ジャイアンツ	●	3・7	髙橋優		スアレス
30	横浜	ベイスターズ	○	0・4	金久保		三上
5／1	横浜	ベイスターズ	●	10・2	エスコバー		高梨

※以下の文春オンライン、「Ｎｕｍｂｅｒ」誌の記事を参考にしました。

・「勝てなかった時は選手たちがダグアウトで委縮していたんだと思う」野村克也監督時代の日本シリーズで生まれた〝絶対大丈夫〟の気持ち《高津臣吾監督インタビュー》
https://bunshun.jp/articles/-/51019

・「ノリ（青木）がコロナでいなくなって『2番どうすんのよ』となり…」高津臣吾監督の〝打順の決め方〟が今シーズン大きく変わった理由
https://bunshun.jp/articles/-/51020

・「松井秀喜選手との対戦でカウント3―0のとき、本当に打者有利なのか?」〝数字や配球のチャートを見るのが楽しい〟高津監督が進化させた〝野村ＩＤ野球〟
https://bunshun.jp/articles/-/51021

・「高津臣吾『騒がしい日々の始まりに』」
「Ｓｐｏｒｔｓ　Ｇｒａｐｈｉｃ　Ｎｕｍｂｅｒ　１０４７」

企画・構成　生島淳
協力　株式会社ヤクルト球団
　　　吉本興業株式会社

高津臣吾（たかつしんご）

1968年広島県生まれ。東京ヤクルトスワローズ一軍監督。広島工業高校卒業後、亜細亜大学に進学。’90年ドラフト3位でスワローズに入団。’93年ストッパーに転向し、チームの日本一に貢献。その後、4度の最優秀救援投手に輝く。2004年シカゴ・ホワイトソックスへ移籍、クローザーを務める。日本プロ野球(NPB)、メジャーリーグ（MLB)、韓国プロ野球、台湾プロ野球を経験した初の日本人選手。独立リーグ・新潟アルビレックスBCでは選手兼任監督としてチームを日本一に導く。’14年スワローズ一軍投手コーチに就任。’15年セ・リーグ優勝。’17年より二軍監督、’20年より一軍監督。’21年セ・リーグ優勝、20年ぶりの日本一に。正力松太郎賞受賞。’22年野球殿堂入り。NPB歴代2位の通算286セーブ、史上2人目となるNPB／MLB通算300セーブを記録している。

一軍監督《いちぐんかんとく》の仕事《しごと》
育《そだ》った彼《かれ》らを勝《か》たせたい

2022年4月30日初版1刷発行
2022年5月15日　　2刷発行

著　者 ── 高津臣吾
発行者 ── 田邉浩司
装　幀 ── アラン・チャン
印刷所 ── 萩原印刷
製本所 ── ナショナル製本
発行所 ── 株式会社光文社
東京都文京区音羽1-16-6(〒112-8011)
https://www.kobunsha.com/
電　話 ── 編集部03(5395)8289　書籍販売部03(5395)8116
業務部03(5395)8125
メール ── sinsyo@kobunsha.com

 ISBN 978-4-334-04604-0